GABRIEL CHALITA

FILOSOFIA E VIDA 8

1ª edição

FTD

São Paulo | 2016

FTD

Copyright © Gabriel Chalita, 2016
Todos os direitos reservados à
EDITORA FTD S.A.
Matriz: Rua Rui Barbosa, 156 – Bela Vista – São Paulo – SP
CEP 01326-010 – Tel. (0-XX-11) 3598-6000
Caixa Postal 65149 – CEP da Caixa Postal 01390-970
Internet: www.ftd.com.br
E-mail: projetos@ftd.com.br

Diretora editorial
Ceciliany Alves

Gerente editorial
Valéria de Freitas Pereira

Editora
Rosa Visconti Kono

Editoras assistentes
Amanda Valentin
Maria Clara Barcellos Fontanella

Colaboração e adequação pedagógica
Romulo Braga

Preparadora
Bruna Perrella Brito

Supervisora de arte
Karina Mayumi Aoki

Projeto gráfico
Juliana Carvalho
Carolina Ferreira

Capa
Sheila Moraes Ribeiro

Diagramação
Essencial design

Ilustradores
Alexandre Camanho (capa)
Luciano Tasso
Ilustra Cartoon

Coordenador de iconografia
Expedito Arantes

Pesquisadoras iconográficas
Ana Melchert
Erika Nascimento

Tratamento de imagens
Eziquiel Racheti

Diretor de operações e produção gráfica
Reginaldo Soares Damasceno

Revisão técnica
Paulo Cruz é graduado em Filosofia e em Processamento de Dados. Mestre em Ciências da Religião pela Universidade Metodista de São Paulo, atua na rede pública do estado de São Paulo e no Ensino Superior como professor de Filosofia. Ministra palestras sobre Filosofia e Imaginação Moral na Literatura Infantil.

Dados Internacionais de Catalogação na Publicação (CIP)
(Câmara Brasileira do Livro, SP, Brasil)

Chalita, Gabriel

Filosofia e vida, 8 / Gabriel Chalita. — 1. ed. — São Paulo : FTD, 2016.

ISBN 978-85-96-00496-1 (aluno)
ISBN 978-85-96-00497-8 (professor)

1. Filosofia (Ensino fundamental) I. Título.

16-05250 CDD-372.8

Índices para catálogo sistemático:
1. Filosofia : Ensino fundamental 372.8

A - 634.361/20

CARO ALUNO,

Desde pequeno, gosto muito de escrever e publiquei meu primeiro livro aos 12 anos de idade. Ainda menino, conheci uma senhora, em um asilo na cidade onde nasci (Cachoeira Paulista), que me despertou para o fascinante universo da leitura e da escrita. Eu era bem pequeno e não perdia a oportunidade de estar perto dela, aprendendo, ouvindo histórias e descobrindo as palavras.

Tive, também, professoras e professores apaixonados por seu ofício e pela possibilidade de despertar sonhos. Sonhando e escrevendo, já criei mais de 70 obras de diversos gêneros e para pessoas de diferentes idades.

Sou professor há muitos anos e sinto-me muito feliz com a minha escolha. A educação é fundamental em todas as fases da vida; por isso, sempre estudei bastante.

Tenho duas graduações, em Filosofia e em Direito. Fiz dois mestrados e dois doutorados pela Pontifícia Universidade Católica de São Paulo (PUC-SP). Faço parte da Academia Brasileira de Educação e sou presidente da Academia Paulista de Letras.

Escritor e professor: eis os ofícios que quero para toda a minha vida. Nos livros e nas pessoas, deposito os meus sonhos.

Para mais informações, consulte o *site*: <www.chalita.com.br>.

O AUTOR

SUMÁRIO

UNIDADE 1 — BUSCAR NOVAS DESCOBERTAS, 6

Em defesa dos que precisam, 8

Ver a ciência moderna, 12
Vamos pensar melhor, 14
Conhecer a Filosofia e a ciência modernas, 16
Filosofia em toda parte, 20
Ser sonhador, 22
Pense a respeito, 24
Diálogo filosófico, 26
Se é assim, então..., 28
... posso dizer que, 28
Grandes pensadores, 29
Vamos ler e acessar?, 29

UNIDADE 2 — BOAS AÇÕES, 30

Viver em paz, 32

Ver a ideia de liberdade e igualdade, 36
Vamos pensar melhor, 38
Conhecer a ética moderna, 40
Filosofia em toda parte, 44
Ser ético hoje, 46
Pense a respeito, 48
Diálogo filosófico, 50
Se é assim, então..., 52
... posso dizer que, 52
Grandes pensadores, 53
Vamos assistir e acessar?, 53

UNIDADE 3 — LIBERDADE COM RESPONSABILIDADE, 54

Poetas da verdade, 56

Ver diferenças entre seres humanos e animais, 60
Vamos pensar melhor, 62
Conhecer a Filosofia Moderna e a natureza humana, 64
Filosofia em toda parte, 68
Ser humano, 70
Pense a respeito, 72
Diálogo filosófico, 74
Se é assim, então..., 76
... posso dizer que, 76
Grandes pensadores, 77
Vamos assistir?, 77

UNIDADE 4 — DEMOCRACIA, SOBERANIA, LIBERDADE E LEI, 78

Justiça e sonhos, 80

Ver a vontade geral, 84
Vamos pensar melhor, 86
Conhecer a soberania, a democracia, a lei e a liberdade, 88
Filosofia em toda parte, 92
Ser democrata, 94
Pense a respeito, 96
Diálogo filosófico, 98
Se é assim, então..., 100
... posso dizer que, 100
Grandes pensadores, 101
Vamos ler?, 101

BIBLIOGRAFIA, 102
ALMANAQUE FILOSÓFICO, 103

UNIDADE 1

BUSCAR NOVAS DESCOBERTAS

NASA/JSC

Nesta unidade, estudaremos:

- o surgimento da Filosofia e da ciência modernas;
- as principais características da Filosofia e da ciência modernas;
- o Universo, cuja percepção de ordem é fruto do estudo do ser humano.

Vamos começar

- O que você entende pela palavra **infinito**?
- Você acha que, um dia, a ciência poderá conhecer todo o Universo?
- Você acredita que a ciência tem adquirido conhecimento da mesma maneira ao longo da História?

Em defesa dos que precisam

Já anoitecia quando Marina, a mãe de Sávio, chegou em casa depois de um dia de trabalho no maior escritório de advocacia da cidade. Para seu entusiasmo, o marido Eduardo e o filho estavam cozinhando um belo espaguete. O aroma de manjericão predominava na cozinha. Todas as noites, a família se encontrava e conversava com tranquilidade. Eram momentos só deles, juntos.

– Boa noite! – Marina aproximou-se dos dois e os beijou, feliz em revê-los. – Que surpresa boa, jantar quentinho!

– E não é só espaguete – revelou, orgulhoso, Eduardo. – Temos salada verde e uma salada de frutas de sobremesa.

– Especialmente para você, mãe. Sabemos que está trabalhando duro nesse processo contra os donos dessa grande empresa de produtos agrícolas.

– Ah, vou tomar um banho rapidinho e poderemos conversar.

Na hora do jantar, sentada à mesa, a família conversava sobre seu dia. Marina contou como estava o andamento do processo contra a grande empresa que explorava seus trabalhadores:

– Não vai ser fácil, mas estou com esperança. O próximo passo será uma reunião na qual ambos os lados vão fazer suas propostas finais. Vamos ver no que dá...

– O que não pode é ceder nem um fio de cabelo para essas pessoas! – disse Eduardo.

– Seremos justos – continuou Marina.

– Amanhã vou para o litoral. Um navio cargueiro partiu-se ao meio e está derramando petróleo no mar – Eduardo era veterinário e trabalhava em uma ONG de defesa dos animais. – Um verdadeiro desastre nas águas do Atlântico.

– A ONG vai ajudar o governo?

– Sim, centenas de pessoas já foram mobilizadas com a intenção de minimizar o impacto ambiental.

Depois dessa triste notícia, Sávio contou o que o estava incomodando: a falta de respeito de seus colegas com a professora de Matemática.

– Meus colegas não respeitam a professora Valéria. Ela é excelente, sabe tudo de matemática. Mas o pessoal é muito mal-educado...

– No meu tempo não era assim – Eduardo começou a recordar seu tempo de estudante. – Minha escola era muito rigorosa, era sinal de respeito levantar cada vez que o professor ou algum visitante entrasse na sala. E só sentávamos quando autorizados. Durante as aulas, o silêncio era absoluto. Respeitávamos os professores. Sabíamos que eles estavam ali para nos guiar. O conhecimento seria nosso grande aliado para que pudéssemos fazer as escolhas corretas. E eu gostava das aulas, Sávio. Gostava muito.

Em sua opinião, de onde vieram os conhecimentos científicos?

Para você, a ciência conhece, de fato, a verdade?

– Eu também gosto das aulas, pai. Mas acho que as coisas mudaram. Meus colegas são legais, mas tem muita gente na sala que não tem o mínimo de respeito. Muitos alunos atrapalham e irritam os professores. Hoje a professora Valéria disse que não vai mais dar aulas para a gente. Que não aguenta mais. Que a culpa talvez seja dela, que não consegue deixar a matéria interessante. Na hora, ficou todo mundo assustado. No fundo, os alunos sabem que ela é ótima. Mas ela é diferente do Joaquim, professor de Português. Na aula dele, todo mundo fica em silêncio. Ele é bravo, sabe?

– Você já falou dele também. Mas e aí? A professora Valéria vai mesmo deixar de dar aulas para vocês? – Marina ficou preocupada com aquela situação.

– Acho que sim. Ela disse que está terminando o doutorado, que quer se dedicar mais à pesquisa e que talvez não tenha a didática necessária para dar aulas no Ensino Fundamental. Poxa, gente, eu adoro Matemática e acho que é por causa dela. Ela é muito boa. Muito boa mesmo. Pena que os alunos não conseguem perceber o valor dela.

– E o que eles fizeram, Sávio?

– Pediram para ela ficar, que iam se comportar melhor. Mas enquanto uns falavam, outros faziam bagunça, davam risadas e falavam alto. É difícil, pai. Não sei o que acontece.

– Estou me lembrando de quando tinha sua idade – Marina estava com o olhar perdido, um sorriso nos lábios. – Parece que foi ontem... Na minha escola, nós participávamos de um grupo que era coordenado justamente por um professor de Matemática, veja que coisa, que se chamava Amauri.

– Como era esse grupo, mãe?

– O professor era de Matemática, mas o nosso grupo chamava-se "Poetas da verdade". Nossa, como foi importante para a minha vida participar daquele grupo, como eu adquiri conhecimentos sobre a verdade e a justiça, por exemplo.

– Conte-nos mais!

– Fiz vários amigos, tínhamos muita coisa em comum, principalmente o amor pela literatura e pelas artes. Aprendemos a amar dezenas de poetas, escritores. Mas vou contar tudo amanhã, ainda preciso revisar uns documentos urgentes.

– Pode deixar que arrumamos toda a cozinha – falou Eduardo.

– Depois vou estudar uns pontos de Ciências. Fizemos experimentos interessantes hoje, analisamos o nível de amido em alguns alimentos.

– Tem prova amanhã? – perguntou a mãe.

– Sim, vou revisar algumas partes da matéria. Mas adoro nossas conversas na hora do jantar. É muito legal. Vocês têm muita história...

– Ele está nos chamando de velhos, Marina – Eduardo fingiu estar chateado.

– Não, estou dizendo que amo vocês!

– Nós também amamos você, filho.

O conhecimento adquirido no passado tem validade?

VER a ciência moderna

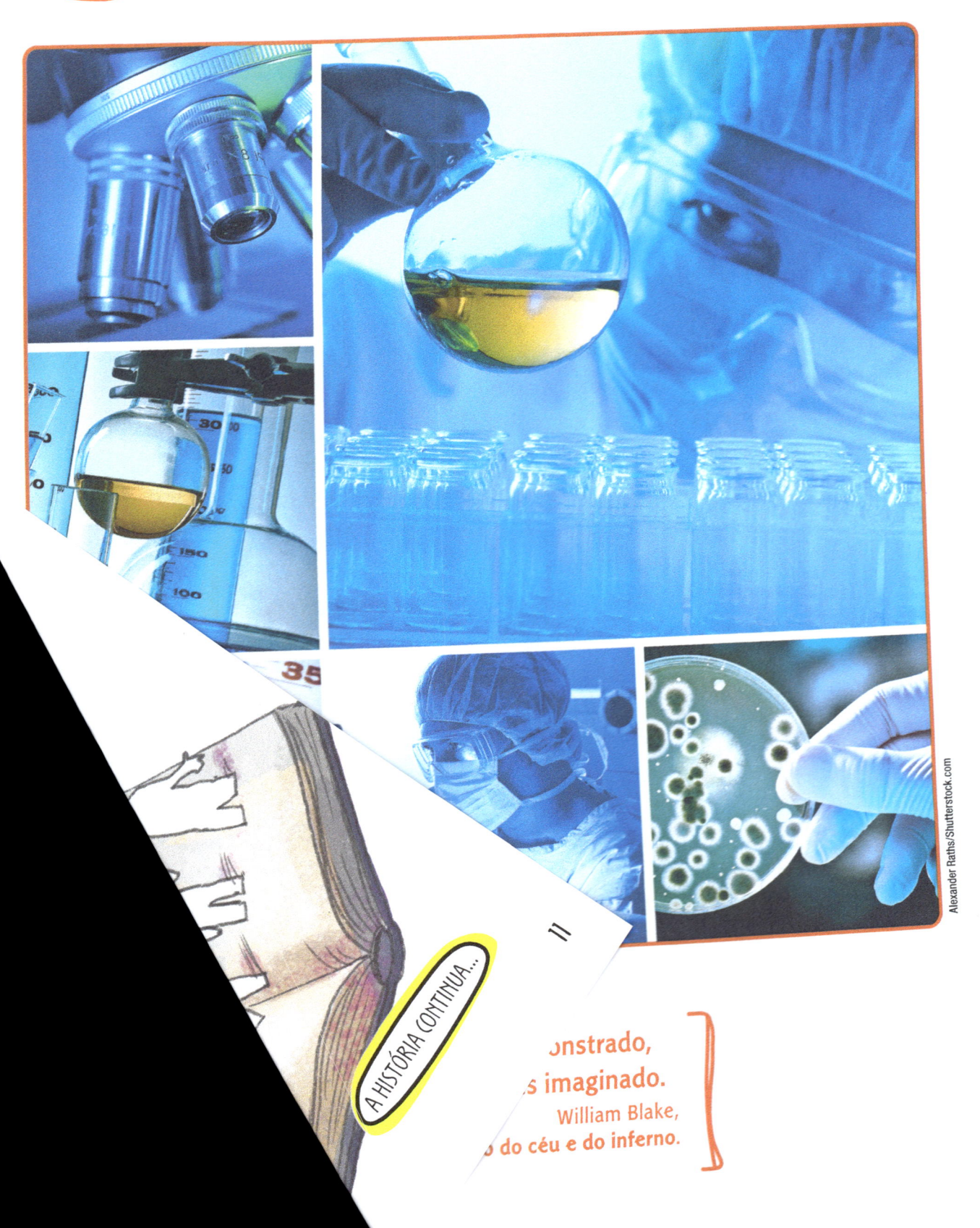

A HISTÓRIA CONTINUA...

...onstrado,
...s imaginado.

William Blake,
...o do céu e do inferno.

– Estou me lembrando de quando tinha sua idade – Marina estava com o olhar perdido, um sorriso nos lábios. – Parece que foi ontem... Na minha escola, nós participávamos de um grupo que era coordenado justamente por um professor de Matemática, veja que coisa, que se chamava Amauri.

– Como era esse grupo, mãe?

– O professor era de Matemática, mas o nosso grupo chamava-se "Poetas da verdade". Nossa, como foi importante para a minha vida participar daquele grupo, como eu adquiri conhecimentos sobre a verdade e a justiça, por exemplo.

– Conte-nos mais!

– Fiz vários amigos, tínhamos muita coisa em comum, principalmente o amor pela literatura e pelas artes. Aprendemos a amar dezenas de poetas, escritores. Mas vou contar tudo amanhã, ainda preciso revisar uns documentos urgentes.

– Pode deixar que arrumamos toda a cozinha – falou Eduardo.

– Depois vou estudar uns pontos de Ciências. Fizemos experimentos interessantes hoje, analisamos o nível de amido em alguns alimentos.

– Tem prova amanhã? – perguntou a mãe.

– Sim, vou revisar algumas partes da matéria. Mas adoro nossas conversas na hora do jantar. É muito legal. Vocês têm muita história...

– Ele está nos chamando de velhos, Marina – Eduardo fingiu estar chateado.

– Não, estou dizendo que amo vocês!

– Nós também amamos você, filho.

> O conhecimento adquirido no passado tem validade?

A HISTÓRIA CONTINUA...

VER a ciência moderna

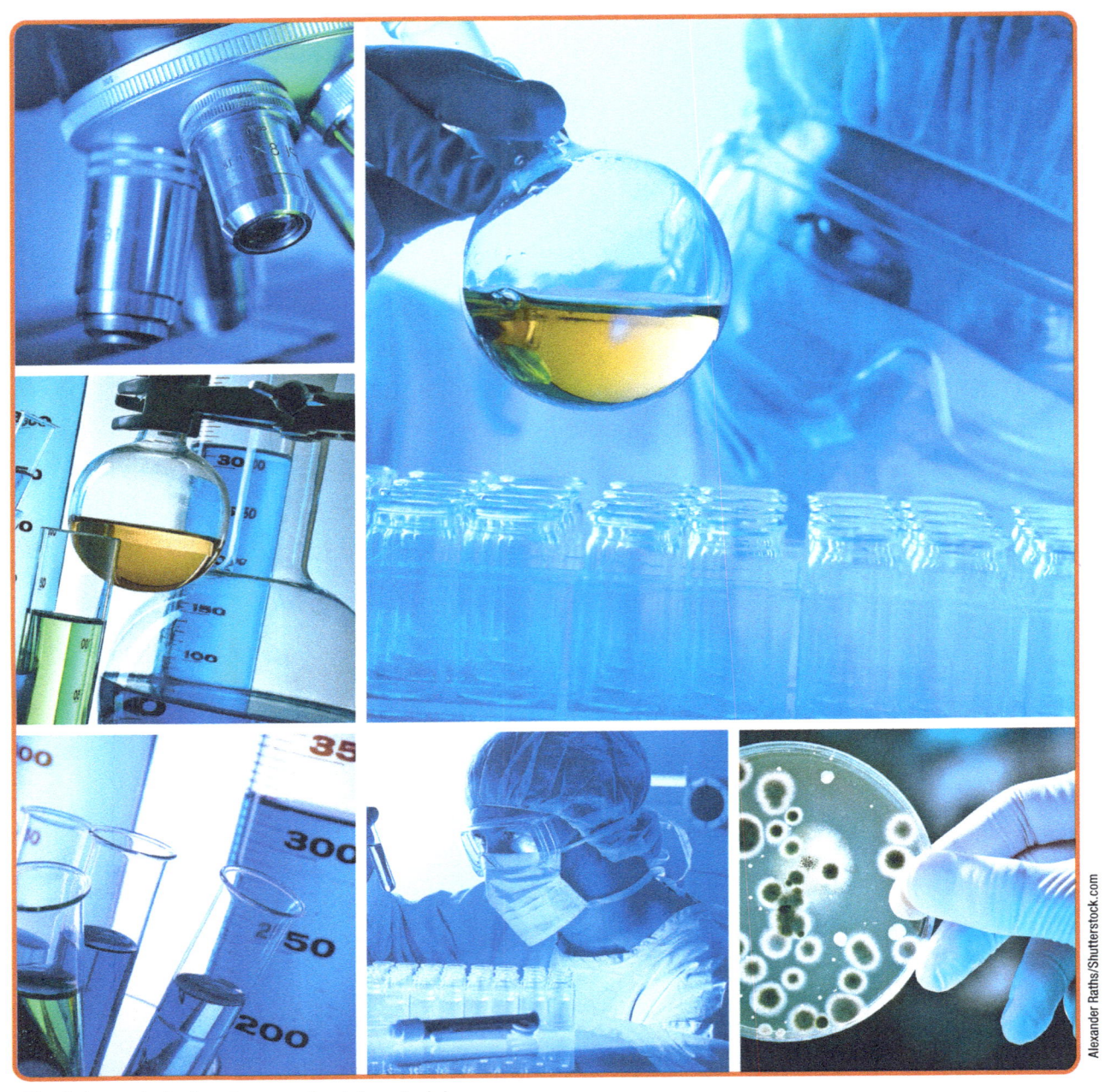

Cientista em trabalho de pesquisa laboratorial.

> O que hoje é demonstrado,
> um dia foi apenas imaginado.
>
> William Blake,
> em **O casamento do céu e do inferno**.

1. Descreva a imagem da página ao lado.
   _____
   _____
   _____
   _____
   _____
   _____

2. Para você, o que significa a palavra **ciência**?
   _____
   _____
   _____
   _____
   _____
   _____
   _____

3. Releia a frase do poeta inglês William Blake (1757-1827). Como você pode relacioná-la com a imagem?
   _____
   _____
   _____
   _____
   _____
   _____
   _____

4. Em sua opinião, o conhecimento filosófico precede o científico?
   _____
   _____
   _____
   _____
   _____
   _____

VAMOS PENSAR MELHOR

1. A mãe de Sávio participava de um grupo literário chamado "Poetas da verdade", organizado pelo professor de Matemática dela. Como, em sua opinião, ler textos literários e discuti-los em grupo pode estimular o aprendizado sobre o conhecimento?

   _____
   _____
   _____
   _____

2. O personagem Sávio fez experimentos que considerou interessantes na aula de Ciências. Em sua opinião, as experiências científicas ajudam a comprovar conceitos teóricos?

   _____
   _____
   _____
   _____

3. Assinale com **X** o que é uma lei científica.

   ☐ É proibido jogar lixo no chão.

   ☐ Volumes iguais, de quaisquer gases, nas mesmas condições de pressão e temperatura, contêm o mesmo número de partículas.

   ☐ Todo corpo continua em seu estado de repouso ou de movimento uniforme em linha reta, a menos que seja forçado a mudar aquele estado por forças aplicadas sobre ele.

   ☐ Todo o poder emana do povo, que o exerce por meio de representantes eleitos ou diretamente, nos termos desta Constituição.

   ☐ A toda ação corresponde uma reação de mesma intensidade, mesma direção e em sentido oposto.

   ☐ Homens e mulheres são iguais em direitos e obrigações, nos termos da Constituição.

4. Quais são as características das leis científicas? Circule-as.

Atenção: há mais de uma alternativa correta!

a) Prever fenômenos.

b) Não precisar de comprovação por experiências.

c) Ser capaz de saber a diferença entre o bem e o mal.

d) Possuir linguagem objetiva.

e) Ser capaz de explicar uma série de fenômenos.

f) Ser capaz de explicar tudo que existe.

g) Poder ser comprovada por experimentação.

h) Possuir rigor conceitual.

5. As leis científicas procuram estabelecer um nível seguro de conhecimento. Mas será que existe algo do qual podemos ter certeza absoluta? Para cada item a seguir, assinale:

> **X** Tenho certeza absoluta.   **Y** Tenho alguma dúvida.
>
> **W** Tenho muitas dúvidas.   **Z** Completa incerteza.

☐ Você está sonhando agora?

☐ As mãos que você tem são suas?

☐ Seus pensamentos são realmente seus?

☐ Você realmente se parece com a imagem que vê refletida no espelho?

☐ Você está com fome?

☐ Você pode ver o crescimento da grama do jardim?

☐ Você estava ansioso no primeiro dia em que foi à escola?

☐ Você se sente feliz neste momento?

☐ Você faz amigos facilmente?

CONHECER a Filosofia e a ciência modernas

Vamos estudar nesta unidade a Filosofia e a ciência modernas, que nascem com a mudança de percepção da cosmologia antiga e medieval, na qual o cosmo era visto de maneira finita e bem ordenada.

Estabelece-se o início da Filosofia Moderna em meados do século XVII e seu término no final do século XVIII. Esse período é comumente chamado de **revolução científica**; nele ocorreram progressos técnicos, principalmente o surgimento de instrumentos astronômicos, como o telescópio, que possibilitaram observações e descobertas que eram muito difíceis de serem explicadas pela Filosofia Antiga e pela Medieval.

Tudo o que se havia dito ou estudado, até então, passou a ser questionado.

Para entendermos melhor essa revolução, precisamos compreender o contexto histórico que levou a ela.

O **Renascimento** foi um movimento filosófico-cultural que ocorreu na Europa entre os séculos XIV e XVI. Algumas características desse movimento foram o racionalismo e o individualismo. Havia um conjunto de ideias filosóficas comuns a autores como Erasmo de Roterdã (1466-1536) e o italiano Pico della Mirandola (1463-1494), e, nesse ambiente de mudanças culturais, surgiu o **Humanismo**, movimento intelectual que destacava a importância do estudo das línguas clássicas, tais como latim e grego, e dos autores clássicos. O humanista consagrava-se às chamadas artes liberais, como poesia, retórica, gramática, literatura e filosofia moral. Em geral, o Humanismo coloca o ser humano como centro de onde devem sair a moral e o conhecimento.

E como era antes do Renascimento?

A Filosofia Medieval, que precede o Renascimento, corresponde ao período da história da Filosofia que abrange aproximadamente os séculos VII ao XIV. De certo modo, é uma continuação da Filosofia Antiga, acrescida do componente cultural e religioso que é o Cristianismo. Assim, as questões mais importantes para a Filosofia Medieval são a natureza e as propriedades de Deus, a relação entre Deus e o mundo e entre Deus e a criatura humana.

Os medievais, assim como os gregos antigos, também pensavam que o Universo era organizado, harmonioso; apenas acrescentaram Deus no topo dessa organização.

Nesse período, surgiu a chamada **Escolástica** (doutrina na escola), que designa o momento em que o saber passou a ser ministrado em escolas eclesiásticas e universidades. Foi importante para dar continuidade à cultura antiga, um reflorescimento da Filosofia.

Um dos mais importantes cientistas do Renascimento foi **Galileu Galilei**. Ele revolucionou a Astronomia quando usou o telescópio para estudar os corpos celestes no início do século XVII.

Com o telescópio foi possível perceber que o Universo era muito maior do que parecia, e não aquele fixo e aconchegante *cosmos* (ordem, em grego) dos filósofos antigos e medievais. Galileu observou as luas de Júpiter, de onde intuiu que a Terra girava na órbita do Sol, e também viu que a Lua não tinha uma superfície plana.

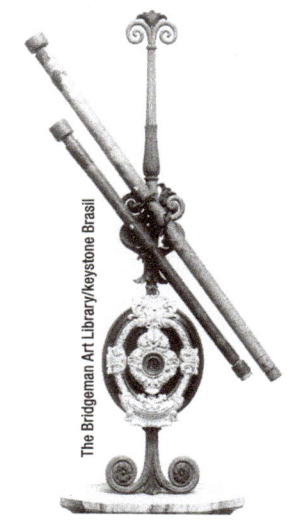

Em menos de um século e meio, houve uma revolução científica sem igual na história da humanidade. Descobriram-se novas informações sobre a idade da Terra, sua situação com relação ao Sol, a data possível do surgimento do ser humano etc. Mas a maior e mais controversa das descobertas, feita por Nicolau Copérnico e confirmada por Galileu, foi que a Terra não era o centro do Universo, com todos os planetas e o Sol girando em sua órbita. Ela era um planeta como os outros, que girava em torno do Sol.

Telescópio de 1609 utilizado por Galileu para aumentar a imagem de objetos distantes.

TURGIS, L. **Galileu Galilei demonstrando seu telescópio**. Século XVI. Litogravura. Coleção particular.

O filósofo, astrônomo e matemático italiano **Galileu Galilei** (1564-1642) é considerado um dos fundadores da ciência moderna. Seus estudos foram essenciais para o desenvolvimento da física moderna.

No campo propriamente filosófico, ocorreram mudanças consideráveis também, e o principal responsável por elas foi um filósofo profundamente influenciado pela ciência que surgira com Copérnico, Galileu e Newton e sua visão mecânica em relação ao Universo e às leis da física: Immanuel Kant (1724-1804) e sua principal obra, **Crítica da razão pura** (1781).

Para esse filósofo, nem a experiência (Empirismo) nem a razão (Racionalismo) poderiam nos oferecer um conhecimento objetivo sobre as coisas, de modo que a única informação a que temos acesso é a sua **aparência** ou **fenômeno**. Tal proposição provocou enorme incerteza em relação ao conhecimento humano; se não é possível conhecer nada em sua verdade essencial, a vida perde o sentido.

Mas a crítica kantiana procurou resolver esse problema: a razão deve encarregar-se de produzir o sentido (ou verdade) para os fenômenos, de acordo com um conjunto de informações produzidas primeiramente pela sensação e depois pelas categorias do entendimento: o espaço e o tempo. Ou seja, para que o mundo continue a ter sentido, é preciso que o próprio ser humano introduza uma ordem no Universo, que parece não ter ordem alguma.

Então, a Filosofia e a ciência modernas passam a ter uma nova missão: não apenas contemplar a harmonia do Universo, mas construir leis que permitam explicar o Universo e dar a ele uma ordem. A razão humana e a ordem do Universo são as coisas mais importantes para Kant, como foi registrado em seu túmulo: "Duas coisas que me enchem a alma de crescente admiração e respeito: o céu estrelado acima de mim e a lei moral dentro de mim".

Características da Filosofia Moderna

- A razão do ser humano é só sua, independentemente se há ou não uma razão "cósmica"; a crença na razão passa a ser uma característica peculiar do ser humano.
- A razão é uma função do ser humano, por meio da qual podemos compreender e dominar a natureza.
- Conhecimento passa a significar conhecimento científico.
- Enquanto a Filosofia Antiga e a Medieval eram realistas, ou seja, para elas a realidade é como aparece e podemos conhecê-la, parte da Filosofia Moderna nascente tinha a tendência de ser mais idealista: para conhecermos a realidade, devemos considerar mais nossos próprios pensamentos.

1. A Filosofia e a ciência modernas trabalham com base nas observações da natureza. Para muitas dessas observações, era necessário o uso de novas tecnologias, como o telescópio. Sobre o telescópio, podemos afirmar que:

   ☐ foi importante, mas dispensável.

   ☐ não apenas foi importante, mas indispensável.

   ☐ não foi de nenhuma importância.

   - Justifique sua resposta.
   _____
   _____

2. Para os filósofos modernos, o Universo deixou de ser referência para guiar a vida humana. Por quê?
   _____
   _____

3. Qual a missão que a Filosofia e a ciência modernas passaram a ter?
   _____
   _____

4. Kant propõe uma solução com relação ao conhecimento humano. Que solução é essa?
   _____
   _____

O que aprendemos?

- Ao contrário da Filosofia Antiga e da Medieval, a Moderna muda o paradigma da relação universo/ser humano, a Terra deixa de ser o centro do Universo e este, descobre-se, é um imenso emaranhado de estrelas e planetas, e não mais aquele Universo pequeno e fixo dos antigos.
- A Filosofia Moderna foi profundamente influenciada pela ciência moderna e sua visão mecanicista do mundo – de que o mundo funciona como um relógio.
- A ciência moderna tem o objetivo de formular leis que possam descrever e prever uma série de fenômenos da natureza.

FILOSOFIA EM TODA PARTE

O italiano Leonardo da Vinci (1452-1519) foi um dos grandes pensadores do Renascimento, época de grande desenvolvimento no campo da ciência e das artes.

Leia a seguir um texto que relembrou a importância desse artista, filósofo e cientista quando, em 2002, foram celebrados seus 550 anos de nascimento.

550 anos de Leonardo da Vinci

Conheça a trajetória do gênio que viveu entre a ciência e a arte

Segure firme na cadeira e coloque a imaginação para funcionar. Você acaba de entrar em uma máquina do tempo com destino ao passado: o dia 15 de abril de 1452! Nesta data, na Itália, nascia Leonardo da Vinci. Talentoso pintor – o artista criou obras-primas como o quadro a *Mona Lisa*, que retrata uma mulher com olhar e sorriso misteriosos –, Da Vinci também atuou como escultor, engenheiro, arquiteto e fez estudos científicos. Para ele, ciência e arte se completavam!

Talvez você ache estranho que uma pessoa tenha conseguido se dedicar à ciência e à arte ao mesmo tempo. Mas o fato é que Leonardo da Vinci nasceu e cresceu em uma época em que tudo isso se misturava. Nos séculos XV e XVI, um movimento artístico, literário e científico surgiu na Itália: o Renascimento. Ele levou a um grande desenvolvimento da arquitetura, escultura, pintura, literatura, música e política! E também significou uma revolução no conhecimento da Astronomia, Matemática, Física e Medicina. Nesse período, a tradição na Europa era formar homens com um conhecimento amplo nos campos da técnica, da ciência e da arte.

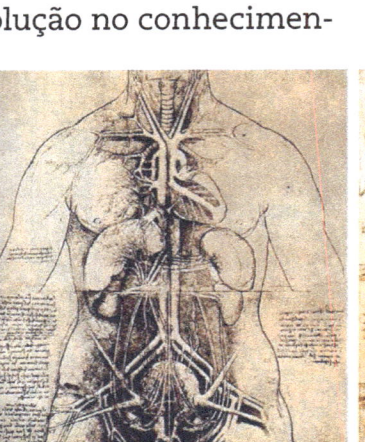

Mona Lisa. c. 1503-1505. Óleo sobre tela, 77 cm × 53 cm. Museu do Louvre, Paris, França.

Desenhos de estudos da anatomia humana. c. 1510. Caneta e tinta, 29,2 cm × 19,8 cm. Coleção Real, Castelo de Windsor, Inglaterra.

Foi na adolescência que Leonardo da Vinci começou a mostrar que tinha talento para ser um grande pintor. Nessa época, ele também percebeu a importância da observação científica precisa e bem cuidada. Essa descoberta influenciaria, no futuro, todos os seus trabalhos, inclusive os artísticos. [...]

Autorretrato. 1512. Giz vermelho sobre papel, 53 cm × 39 cm. Biblioteca Real, Turim, Itália.

A anunciação. 1472-1475. Óleo sobre tela, 98 cm × 217 cm. Galeria Uffizi, Florença, Itália.

COELHO, Sarita. 550 anos de Leonardo da Vinci. **Ciência hoje das crianças.** Disponível em: <http://chc.cienciahoje.uol.com.br/550-anos-de-leonardo-da-vinci/>. Acesso em: 5 mar. 2016.

1. Faça uma pesquisa e cite o nome de um renascentista italiano ligado à:

a) ciência: _____.

b) arquitetura: _____.

c) escultura: _____.

d) pintura: _____.

e) literatura: _____.

f) música: _____.

g) política: _____.

• Pelo texto lido, Leonardo da Vinci se enquadra em quais das áreas acima citadas?
_____

Não é de espantar que...

... Galileu tenha sido processado por provar cientificamente que a Terra gira em torno do Sol? Ele foi processado pela Inquisição romana, uma espécie de tribunal religioso, e obrigado a se retratar, pois essa descoberta ia contra tudo em que a Igreja Católica acreditava. Foi condenado à prisão domiciliar. Mas, em 1992, a Igreja reviu seu processo e reconheceu o alto valor do seu pensamento.

SER sonhador

Podemos considerar que os grandes avanços científicos que aconteceram durante a Idade Moderna partiram da idealização de seus cientistas. Leia a seguir um texto de **Rubem Alves** no qual um monge explica a seu discípulo, entre muitas coisas, que todo conhecimento começa com o sonho.

Rubem Alves nasceu em Boa Esperança, Minas Gerais, em 1933. Foi um conhecido autor, psicanalista e educador brasileiro. Faleceu em Campinas, São Paulo, em 2014.

Ensinar o que não se sabe

[...]

Aqui se encontra o retrato deste mundo. Se você prestar bem atenção, verá que há mapas dos céus, mapas das terras, mapas do corpo, mapas da alma. Andei por estes cenários. Naveguei, pensei, aprendi. Aquilo que aprendi e que sei está aqui. E estes mapas eu lhe dou, como minha herança. Com eles você poderá andar por estes cenários sem medo e sem sustos, pisando sempre a terra firme. Dou-lhe o meu saber. [...]

Agora o que desejo é que você aprenda a dançar. Lição de Zaratustra, que dizia que para se aprender a pensar é preciso primeiro aprender a dançar. Quem dança com as ideias descobre que pensar é alegria. Se pensar lhe dá tristeza é porque você só sabe marchar, como soldados em ordem unida. Saltar sobre o vazio, pular de pico em pico. Não ter medo da queda. Foi assim que se construiu a ciência: não pela prudência dos que marcham, mas pela ousadia dos que sonham. Todo conhecimento começa com o sonho. O conhecimento nada mais é que a aventura pelo mar desconhecido, em busca da terra sonhada. Mas sonhar é coisa que não se ensina. Brota das profundezas do corpo, como a água brota das profundezas da terra. Como Mestre só posso então lhe dizer uma coisa: "Conte-me os seus sonhos, para que sonhemos juntos!".

ALVES, Rubem. Ensinar o que não se sabe. In: **A alegria de ensinar**. 14. ed. São Paulo: Papirus, 2012. p. 84, 87.

Informe-se!

Você sabia que Zaratustra, ou Zoroastro como também era conhecido, foi um sábio profeta da Antiguidade? Ninguém sabe ao certo quando viveu, há quem diga que foi por volta de 1400-1200 a.C. Seus ensinamentos foram tão profundos que deram início ao Zoroastrismo, uma das religiões mais antigas ainda existentes. Esses ensinamentos foram compilados no **Avesta**, livro sagrado do Zoroastrismo.

Representação de Zaratustra.

1. Segundo o monge, o que motiva a busca pelo conhecimento?

    ☐ Aprender.   ☐ Pesquisar.

    ☐ Sonhar.   ☐ Acreditar.

2. O monge dá ao discípulo, como herança, mapas que descrevem terras, céus, corpos e almas. Mas isso não é o suficiente, ele deseja que o discípulo aprenda o que não se ensina: a sonhar. Por quê?

    _____
    _____
    _____
    _____

3. No texto, o monge se mostra sábio ao ensinar ao discípulo a importância do que não aprendemos em livros. Explique, com exemplos, a seguinte frase: "Saltar sobre o vazio, pular de pico em pico. Não ter medo da queda. Foi assim que se construiu a ciência: não pela prudência dos que marcham, mas pela ousadia dos que sonham".

    _____
    _____
    _____
    _____

Vamos analisar

- Você acredita na importância de sonhar para realizar suas conquistas?

PENSE A RESPEITO

Ao olhar a imagem do nosso planeta tirada por uma sonda espacial, o astrônomo, astrofísico, cosmólogo, escritor e apresentador norte-americano Carl Sagan (1934-1996) escreveu o texto a seguir.

> Olhem de novo para o ponto. É ali. É a nossa casa. Somos nós. Nesse ponto, todos aqueles que amamos, que conhecemos, de quem já ouvimos falar, todos os seres humanos que já existiram, vivem ou viveram as suas vidas. Toda a nossa mistura de alegria e sofrimento, todas as inúmeras religiões, ideologias e doutrinas econômicas, todos os caçadores e saqueadores, heróis e covardes, criadores e destruidores de civilizações, reis e camponeses, jovens casais apaixonados, pais e mães, todas as crianças, todos os inventores e exploradores, professores de moral, políticos corruptos, "superastros", "líderes supremos", todos os santos e pecadores da história da nossa espécie, ali – num grão de poeira suspenso num raio de sol.
>
> A Terra é um palco muito pequeno em uma imensa arena cósmica. Pensem nos rios de sangue derramados por todos os generais e imperadores para que, na glória do triunfo, pudessem ser os senhores momentâneos de uma fração desse ponto. Pensem nas crueldades infinitas cometidas pelos habitantes de um canto desse *pixel* contra os habitantes mal distinguíveis de algum outro canto, em seus frequentes conflitos, em sua ânsia de recíproca destruição, em seus ódios ardentes.
>
> Nossas atitudes, nossa pretensa importância, a ilusão de que temos uma posição privilegiada no Universo, tudo é posto em dúvida por esse ponto de luz pálida. O nosso planeta é um pontinho solitário na grande escuridão cósmica circundante. Em nossa obscuridade, no meio de toda essa imensidão, não há nenhum indício de que, de algum outro mundo, virá socorro que nos salve de nós mesmos.

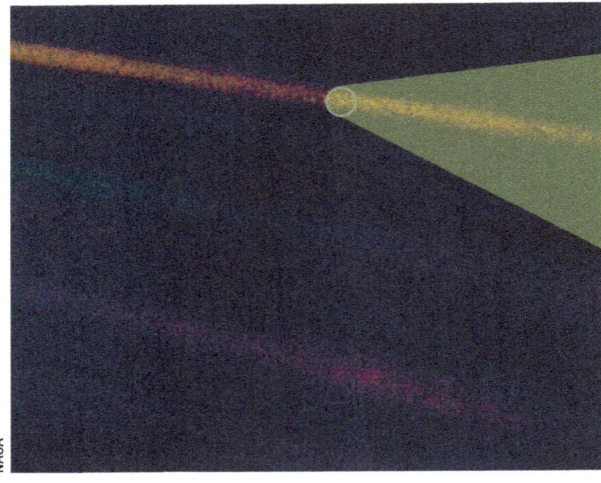

Imagem do planeta Terra, esse "pálido ponto azul", capturada pela sonda espacial Voyager 1, em julho de 1990.

[...] Tem-se dito que a astronomia é uma experiência que forma o caráter e ensina a humildade. Talvez não exista melhor comprovação da loucura das vaidades humanas do que esta distante imagem de nosso mundo minúsculo. Para mim, ela sublinha a responsabilidade de nos relacionarmos mais bondosamente uns com os outros e de preservarmos e amarmos o pálido ponto azul, o único lar que conhecemos.

SAGAN, Carl. **Pálido ponto azul:** uma visão do futuro da humanidade no espaço. São Paulo: Companhia das Letras, 1996. p. 31.

1. Em sua opinião, o que Carl Sagan quis dizer com a frase: "Tem-se dito que a astronomia é uma experiência que forma o caráter e ensina a humildade."?

2. Leia a frase abaixo e, em seguida, discuta com os colegas seu sentido.

> [...] não há nenhum indício de que, de algum outro mundo, virá socorro que nos salve de nós mesmos.

3. Relembre as descobertas dos pensadores da Idade Moderna. O que você percebe em comum com a frase de Sagan: "A Terra é um palco muito pequeno em uma imensa arena cósmica".

4. O que você espera com o avanço da ciência? Que ela:

☐ traga mais conforto e longevidade para o ser humano.

☐ crie melhores armas para os seres humanos se defenderem uns dos outros.

☐ ajude o ser humano a descobrir se está sozinho no Universo.

☐ esclareça ao ser humano a importância de preservar o planeta.

☐ Outros.

DIÁLOGO FILOSÓFICO

Muitos questionam o que torna uma pessoa sábia. Sabedoria pode parecer sinônimo para conhecimento, mas ela pode ser mais do que isso. Como afirmou o filósofo francês René Descartes, no livro **Princípios da Filosofia**: "Por sabedoria (*sagesse*), entendo não apenas a prudência, mas um perfeito conhecimento de tudo o que os homens podem saber".

Conhecimento e sabedoria

Conto Zen

Dois jovens monges se aproximaram do mestre, que, em silêncio, apreciava o sol que se espreguiçava no vale, finalizando mais um dia.

O mestre, ao vê-los, apenas sorriu sem alterar sua posição.

O mais velho dos monges cumprimentou-o com gentileza e indagou:

– Mestre, estamos discutindo e não chegamos a nenhuma conclusão sobre a diferença entre conhecimento e sabedoria. Para ele não existe diferença, para mim sim; porém, não consigo expressar em palavras o que sinto e assim convencê-lo das diferenças.

O mestre sorriu mais uma vez e, olhando para o horizonte, apontou para a montanha mais alta e disse:

– Para saber a diferença, coloquem um punhado de grãos de feijão em seus sapatos e subam até o alto daquela montanha, depois conversaremos.

Ambos saíram e seguiram as orientações do mestre, não sem antes passarem em seus aposentos e se prepararem para a subida.

No final da tarde retornaram e encontraram o mestre, que os esperava pacientemente.

O monge mais jovem reclamou das dores que sentia, uma vez que os grãos criaram bolhas em seus pés. O outro, por sua vez, parecia nada sentir. Seus pés estavam intactos, sem bolha ou ferida.

O mestre, com calma e olhando para o mais jovem dos monges, explicou:

– Percebeu a diferença entre conhecimento e sabedoria? Seu amigo colocou os mesmos grãos de feijão em seus sapatos, porém tomou o cuidado de cozinhá-los antes.

Texto da tradição oral recontado especialmente para esta obra.

- Discuta com seus colegas.

    a) Os monges tinham a mesma informação?

    b) Por que o ato de cozinhar os feijões foi sinal de sabedoria?

    c) Para você, existe diferença entre conhecimento e sabedoria? Qual?

27

SE É ASSIM, ENTÃO...

- Complete as frases com as palavras destacadas.

Renascimento

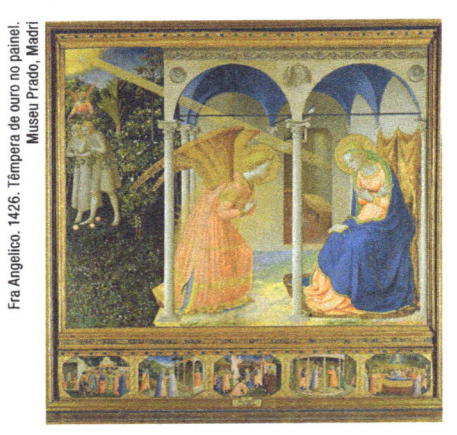

A anunciação, de Fra Angelico, 1426.

Matemática

Galileu Galilei

Immanuel Kant

a) O _____ foi um movimento filosófico-cultural ocorrido na Europa entre os séculos XIV e XVI.

b) As descobertas de _____ e suas teses sobre astronomia foram importantes para a criação da ciência moderna.

c) A união da _____ com a Física proporcionou o início da ciência moderna.

d) Este filósofo, _____, escreveu a obra **Crítica da razão pura** e foi um dos principais pensadores da Filosofia Moderna.

... POSSO DIZER QUE

- Produza, em seu caderno, um pequeno texto que explicite os principais pontos que você aprendeu nesta unidade. As dicas a seguir podem lhe ajudar na produção de seu texto:
  – Explique por que a Terra deixou de ser o centro do Universo (geocentrismo), cedendo lugar ao Sol (heliocentrismo).
  – Descreva a mudança na compreensão do Universo, que passa a ser imenso, diferentemente da concepção clássica.
  – Detalhe sua opinião sobre como a Filosofia Moderna sofreu grande influência do mecanicismo científico, tema discutido nesta unidade.

GRANDES PENSADORES

Galileu Galilei (1564-1642) foi filósofo, astrônomo e matemático italiano, considerado um dos fundadores da ciência moderna. Criou instrumentos como a balança hidrostática, o compasso geométrico e uma versão mais aprimorada do telescópio. Seus estudos, que incluíam a descrição da natureza por meio da linguagem matemática, foram fundamentais para o desenvolvimento da ciência e da Filosofia modernas.

Quando jovem, iniciou o curso de Medicina, mas não terminou, pois sua área de interesse era a Matemática. Por afirmar que a Terra girava ao redor do Sol (modelo heliocêntrico), sofreu duras perseguições por parte da Igreja Católica.

Faleceu em sua residência, em Arcetri, Itália, em 1642, onde foi condenado a permanecer preso até sua morte.

VAMOS LER E ACESSAR?

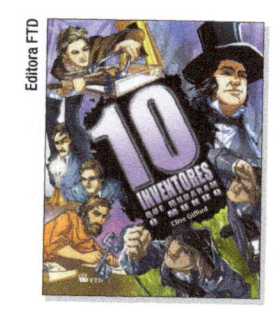

10 inventores que mudaram o mundo,
de Clive Gifford. São Paulo: FTD, 2010.

Neste livro, são apresentadas biografias de grandes inventores de diferentes épocas e suas criações. O leitor descobre como as invenções contribuíram para revolucionar e tornar possível a vida como ela é hoje.

Site da Fundação Museu da Tecnologia de São Paulo (FMTSP).
Página oficial: <www.museutec.org.br/index.php>. Acesso em: 29 fev. 2016.

O site da Fundação Museu da Tecnologia de São Paulo traz aspectos da tecnologia em suas mais variadas formas. Por meio do tour virtual, é possível conhecer boa parte do acervo, acessar dados históricos e curiosos sobre diversas tecnologias que mudaram nosso dia a dia.

UNIDADE 2

BOAS AÇÕES

Nesta unidade, estudaremos:

- a ética da Filosofia Moderna;
- o modelo de pensamento filosófico de Baruch de Espinoza;
- a ação desinteressada e universal, segundo Immanuel Kant.

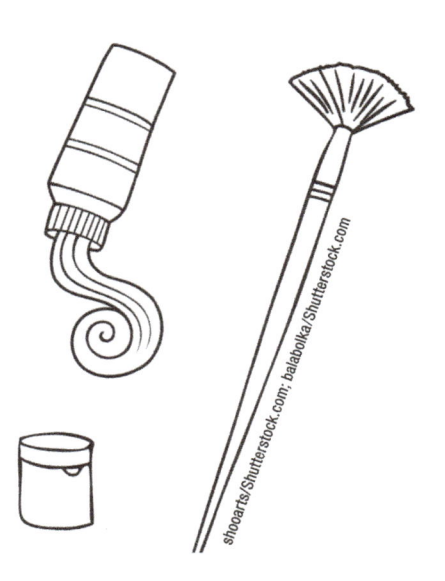

Vamos começar

- Cite alguns exemplos de boas ações.
- As boas ações fazem parte de sua vida? Como?
- Você considera que a imagem apresenta um exemplo de boa ação? Justifique.

Viver em paz

No dia seguinte, depois do jantar, enquanto arrumavam a cozinha, Sávio pediu à mãe que continuasse a história do grupo "Poetas da verdade". Eduardo ainda estava no litoral, trabalhando em seu plano de ação para contenção do vazamento de petróleo no mar.

— Não esqueceu não, né, Sávio?

— Claro que não. Passei o dia na escola pensando nisso. Em como seria esse grupo. É igual ao do filme **Sociedade dos poetas mortos**? Aquela história do *carpe diem*. Nossa, esse filme é muito legal!

— A história é anterior ao filme. Mas talvez tenha algo semelhante. Nosso professor, Amauri, também era um revolucionário como o professor de **Sociedade dos poetas mortos**.

— Revolucionário? Como assim?

— Filho, na minha opinião, a melhor revolução não é aquela que pega em armas. Os riscos dessas revoluções, mesmo contra os tiranos, é apenas substituí-los, porque outros tiranos surgem.

— Em História, nós já estudamos algumas guerras e seus tiranos. E estudamos a **Declaração Universal dos Direitos Humanos**, de 1948, na aula de Arte. Foi muito interessante. Para cada artigo, nós escolhemos uma obra de arte que representava a mensagem dele.

— Nossa, deve ter ficado um trabalho belíssimo!

— Ficou mesmo.

— "Todos os seres humanos nascem livres e iguais em dignidade e direitos. São dotados de razão e consciência e devem agir em relação uns aos outros com espírito de fraternidade." Esse é o primeiro artigo, não?

— Sim... A professora de Arte disse que só esse artigo bastaria para o ser humano viver em paz e que, se as pessoas cumprissem o que está nele, o mundo seria bem melhor.

Você acredita que, se todos agissem com fraternidade, o mundo seria melhor?

33

Tarsila do Amaral. **Segunda classe**. 1933. Óleo sobre tela. 110 cm × 151 cm. Coleção particular.

Por que, em sua opinião, a arte pode nos tornar mais sensíveis?

– Eu concordo com ela – Marina defendia com todo vigor os direitos humanos.

– Sabe o que foi legal, mãe? Enquanto nós escolhíamos as pinturas, as obras que representavam os textos, aprendíamos que a arte nos torna mais sensíveis e nos ensina a viver melhor.

– Isso mesmo! – respondeu entusiasmada, lembrando-se da pintura da artista brasileira Tarsila do Amaral, **Segunda classe**. – A arte nos ilumina, nos ajuda a ser mais corretos, mais justos.

– Mãe, como está o processo contra a grande empresa?

– Ah, filho, eu gosto muito de ser advogada – Marina sempre se empolgava quando falava de sua profissão. – Quando escolhi essa profissão, queria mudar o mundo, ajudar as pessoas indefesas. E felizmente estou podendo fazer isso. Mas não é fácil, às vezes penso que não vou conseguir, há sempre pessoas que querem justamente o contrário, tirar proveito do outro...

– Nossa, mãe, ouvindo você falar assim, fico com vontade de fazer Direito, sabia?

– Acho que você seria um ótimo advogado, seu senso de justiça e ética são muito claros. Quanto ao processo contra a grande empresa, estamos trabalhando duro; os donos são poderosos, têm dinheiro, muitos devem favores a eles. Nem todos os empresários poderosos são assim, mas, neste caso... E meus clientes, ao contrário, são trabalhadores honestos, justos, não estão reivindicando nada além dos seus direitos...

– É, falta o espírito de fraternidade da **Declaração Universal dos Direitos Humanos**.

– Sim, é verdade. Vamos dormir, filho? Já é tarde.

– E o "Poetas da verdade"?

– Pode ficar para amanhã? Estou muito cansada.

– Claro, mãe, só mais uma coisa. A professora Valéria parece que vai embora mesmo. Sabe que a gente conversou com a diretora, pediu para ela ficar? E a diretora ficou de conversar com ela. Mas não sei... Ela estava chateada.

Conversando a gente se entende?

A HISTÓRIA CONTINUA...

VER a ideia de liberdade e igualdade

BALUSCHEK, Hans. **O vendedor e suas flores**. 1931. Óleo sobre tela. 47 cm × 38 cm. Coleção Gert Driemeyer, Munique, Alemanha.

> Art. 1 Os homens nascem e são livres e iguais em direitos.
> Em **Declaração dos Direitos do Homem e do Cidadão**.

1. Leia o artigo e observe a obra do pintor alemão Hans Baluschek (1870-1935) na página ao lado. Em seguida, responda se é possível detectar distinções sociais retratadas na imagem. Justifique.

   _____
   _____
   _____
   _____
   _____

2. A **Declaração dos Direitos do Homem e do Cidadão**, dentre outros pontos, procurou reconhecer a igualdade dos seres humanos, especialmente perante a lei e a justiça. Por que, em sua opinião, foi preciso redigir um documento que estabelecesse esses direitos?

   _____
   _____
   _____
   _____
   _____

3. Você considera que esse documento vale realmente para todos os seres humanos? Justifique.

   _____
   _____
   _____
   _____
   _____

4. Pesquise em *sites* o texto restante da **Declaração dos Direitos do Homem e do Cidadão**. Levando em conta que se trata de um documento redigido em 1789, o que mais chamou sua atenção durante a leitura?

   _____
   _____
   _____
   _____
   _____

37

VAMOS PENSAR MELHOR

1. Na opinião da mãe de Sávio, a melhor revolução não é aquela que pega em armas. Por quê?
   _____
   _____

2. Por que a mãe de Sávio escolheu ser advogada?
   _____
   _____
   _____

3. Assinale com **X** a alternativa que está de acordo com seu pensamento. Em seguida, justifique sua resposta.

   a) Não querer ouvir a opinião alheia é ser intolerante?
   ☐ Depende.   ☐ Um pouco.   ☐ Nunca.   ☐ Muito.
   - Eu faço isso?
   ☐ Depende.   ☐ Um pouco.   ☐ Nunca.   ☐ Muito.

   b) Cortar relações com quem pensa diferente de você é ser intolerante?
   ☐ Depende.   ☐ Um pouco.   ☐ Nunca.   ☐ Muito.
   - Eu faço isso?
   ☐ Depende.   ☐ Um pouco.   ☐ Nunca.   ☐ Muito.

4. Para cada situação, sugira duas soluções.

   a) A professora de Matemática está sendo desrespeitada pelos alunos.

   _____
   _____
   _____
   _____

   b) A região do córrego perto da escola está poluída, com muitos resíduos ao redor.

   _____
   _____
   _____
   _____

   c) Um novo aluno está isolado do restante da turma.

   _____
   _____
   _____
   _____

5. Estabeleça prioridades para cada situação abaixo. Escreva **1** para a solução mais relevante e **3** para a menos.

   a) A sala de aula está muito quente.

   ☐ Chamar outros alunos e requisitar à direção da escola um ar-condicionado.

   ☐ Conversar com os professores sobre o problema.

   ☐ Conversar com os familiares sobre o problema.

   b) Gabriel e Caio sentem muita sede nos intervalos das aulas. Um bebedouro no corredor seria bom.

   ☐ Conversar com o representante de sala.

   ☐ Conversar com outros colegas sobre o assunto.

   ☐ Conversar com a direção da escola.

CONHECER a ética moderna

As novas descobertas científicas e a nova maneira de conhecer e de fazer ciência que estudamos na unidade anterior acabaram também por provocar profundas mudanças no campo da ética.

> **Informe-se!**
>
> A palavra **ética**, do grego *ethike*, diz respeito a costumes e regras de comportamento. Neste sentido, ela pode ser vista como sinônimo de **moral**, que também diz respeito aos costumes e regras de conduta próprios de uma sociedade, ou mesmo como o estudo sobre a moral.

O pensamento moderno vai colocar o ser humano no lugar e na posição do cosmos e no lugar da divindade, substituindo o modo antigo e medieval de compreender a realidade. A autonomia da razão humana é a grande novidade que nasce da Filosofia Racionalista e que irá inspirar a ciência moderna.

Assim, os filósofos modernos buscaram organizar o Universo por meio do trabalho e do esforço de sua razão autônoma e passaram a estabelecer regras e formas para orientar o ser humano; mesmo as ideias sobre o certo e o errado, o bem e o mal, por exemplo, deixaram o domínio da religião (ou da metafísica) e ganharam formulações de acordo com essa nova moralidade, autônoma e racional.

O filósofo moderno Baruch de Espinoza (1632-1677), como outros pensadores de sua época, utilizou a Matemática como modelo para solucionar problemas filosóficos, inclusive éticos. Sua intenção era fugir de métodos antigos e medievais, cuja linha de pensamento era influenciada pela ideia de Deus e pelas paixões. Sua principal obra, **A ética, demonstrada segundo o método geométrico** (1677), é um exemplo claro da tendência da Filosofia Moderna de fundar a ética por vias racionais e, especialmente, por vias matemáticas.

E é nesse contexto, no qual a razão humana organiza o Universo, que surgem documentos que procuram sistematizar e definir os direitos individuais e coletivos das pessoas, tais como a **Declaração da Independência dos Estados Unidos da América** (1791) e a **Declaração dos Direitos do Homem e do Cidadão** (1789), ambos influenciados pelos pensamentos iluministas. Neste último documento, os direitos humanos passam a ser considerados universais.

> **O que foi o Iluminismo?**
>
> Também conhecido como Século das Luzes, o Iluminismo foi um complexo movimento filosófico do século XVIII, que abordava várias áreas de conhecimento, como a política, a arte (sobretudo a literatura), as ciências e o Direito, e visava dar primazia absoluta à razão humana, em uma rejeição extrema aos valores religiosos da época.

O filósofo alemão **Immanuel Kant** (1724-1804) foi um dos grandes expoentes do Iluminismo. Em sua obra **Crítica da razão prática** (1788), estabeleceu os fundamentos para uma ética moderna, baseada no dever de praticar boas ações.

Para Kant, a ideia de **boa ação** é:

- **desinteressada**: quando for verdadeiramente boa, praticada sem nenhum interesse, pelo simples dever de praticar. Em outras palavras, uma ação verdadeiramente desinteressada não pode ser feita em nome de outra coisa: não pode ser feita para você ficar feliz ou se sentir bem. Uma ação verdadeiramente boa resiste a qualquer tentação de satisfazer os interesses pessoais; é aquela que, mesmo que não haja nenhum interesse em fazê-la, e mesmo que nossos instintos digam para fazer o contrário, ela é livremente escolhida.
- **universal**: quando não está ligada ao interesse particular de alguém. Claro que uma boa ação não exclui, mas deve sempre levar em consideração, os interesses dos outros, até mesmo de toda a humanidade, como exige, por exemplo, a **Declaração dos Direitos do Homem e do Cidadão**. O que é verdadeiramente bom deve ser bom para todos os seres humanos.

A **liberdade**, a **ação desinteressada** e a **universalidade das ações** são os três pilares da moral moderna. Mas já falamos da liberdade? Vamos voltar ao conceito de ação desinteressada. Kant explica que uma ação desinteressada é aquela que resiste aos impulsos egoístas para agir em nome da própria ação. Não seria possível resistir a esses impulsos se não fôssemos livres para tanto. Assim, todas as vezes que resistimos à tentação de agir em interesse próprio, argumentou Kant, provamos que existe esse algo chamado de liberdade humana.

Immanuel Kant nasceu em Königsberg (atual Rússia, antiga Prússia), em 1724, e morreu na mesma cidade, em 1804. Passou toda a vida na cidade natal. De família humilde, estudou na universidade de sua cidade. Era pontual, metódico, tranquilo e muito bondoso. Em 1770, foi designado professor de Lógica e Metafísica. Permaneceu em sua cátedra até 1797, sete anos antes de morrer.

1. Por que podemos dizer que Espinoza é um exemplo típico da modernidade ao tratar da ética?

   _____

   _____

   _____

2. Complete a frase.

   Segundo Kant, uma ação é considerada desinteressada quando é feita em nome _____.

3. Para Kant, quando uma boa ação é considerada universal?

   _____

   _____

4. Leia as frases abaixo e marque um **X** nas que expressam a ideia de universalidade.
   - Uma ação pode ser considerada certa neste país, mas em outro não.
   - Cada um age conforme considera correto.
   - Uma verdadeira boa ação é boa para qualquer pessoa.
   - O que é válido para essa sociedade não é válido para outra.
   - Os jovens têm uma visão diferente da que os mais velhos têm sobre o que é ser uma pessoa educada.
   - O que é bom é bom ontem, hoje e sempre.

5. Escreva um exemplo de ação que você considera:

   a) desinteressada

   _____

   _____

   _____

   b) universal

   _____

   _____

   _____

6. Qual a sua opinião sobre agir pelo bem comum?

_____
_____
_____
_____

- Você já agiu de forma desinteressada, pensando exclusivamente no próximo? Descreva como foi.

_____
_____
_____
_____
_____

7. Assinale quais são os três pilares da moral moderna, segundo Kant?

☐ Liberdade, fraternidade e igualdade.

☐ Liberdade, ação desinteressada e universalidade das ações.

☐ Humildade, alegria e bom coração.

☐ Universalidade das ações, humildade e amor.

☐ Amor, paz e liberdade.

O que aprendemos?

- Que a maneira como a Filosofia e a ciência modernas fazem para adquirir conhecimento traz consequências para o plano ético.
- Como funciona o modelo matemático de Espinoza para solucionar problemas filosóficos.
- O ser humano passa a estabelecer as leis e as normas do que seria uma boa ação de maneira racionalmente autônoma, libertando-se de qualquer influência religiosa ou metafísica.
- Kant propõe três características à moral moderna: a ação desinteressada, a universalidade das ações e a liberdade.
- Ação desinteressada é aquela que age apenas em nome da boa ação.

43

FILOSOFIA EM TODA PARTE

O filósofo alemão Immanuel Kant é considerado o maior filósofo do Iluminismo. Para entender o processo de reflexão desse filósofo, é importante compreender o contexto histórico no qual Kant estava inserido.

Também conhecido como Século das Luzes, o Iluminismo foi um período de grande difusão de ideias, sendo um movimento cultural amplo. Refletiu o contexto político e social da época, embora tenha adquirido características próprias em diferentes países europeus, como Inglaterra, França e Alemanha.

Os iluministas acreditavam na capacidade racional de todos os seres humanos quando livres da opressão, medo e superstições, e no constante progresso da humanidade. Por isso, denominaram a própria época em que viveram de Século das Luzes e o movimento do qual faziam parte de Iluminismo. Pretendiam "iluminar" as trevas da ignorância, tendo por instrumento a luz natural a todos os seres humanos, ou seja, a razão.

> [...] Os filósofos das Luzes são pessoas que só confiam na experiência, que se interessam pela ciência teórica, pelas técnicas, pela vida cotidiana, pelas transformações dos costumes. Como diríamos hoje, estão muito mais perto da realidade. Baseiam-se na luz natural ou na reflexão, nascida da experiência, para esclarecer o destino da humanidade.
>
> CHÂTELET, François. **Uma história da razão**: entrevista com Émile Noel. Rio de Janeiro: Jorge Zahar, 1992. p. 89.

Uma das principais obras do Iluminismo, que procurou propagar conhecimento e confiança no avanço da humanidade, foi a **Enciclopédia**. Composta de 35 volumes, a intenção de seus organizadores era reunir e divulgar, da maneira mais completa possível, o conjunto de realizações técnicas, científicas e humanísticas alcançadas pelo ser humano até aquele momento.

Imagem que abre a **Enciclopédia**, Paris, 1772. Nessa obra, o brilho da Verdade, figura ao centro, simboliza o Iluminismo. A intensa luz é resultado do encontro entre a Razão e a Filosofia, que, na imagem, retiram o manto da Verdade.

Charles-Nicolas Cochin.1772.Ilustração.Coleção Particular

A maioria dos pensadores iluministas colaborou com a **Enciclopédia**, escrevendo um ou mais verbetes. Por isso também ficaram conhecidos como **os enciclopedistas**. Os principais representantes do Iluminismo foram os franceses Jean-Jacques Rousseau (1712-1778), Voltaire (1694-1778), Montesquieu (1689-1755), Denis Diderot (1713-1784) e Jean Le Rond d'Alembert (1717-1783); o alemão Immanuel Kant; o inglês David Hume (1711-1776) e o escocês Adam Smith (1723-1790).

Voltaire.

Montesquieu.

Denis Diderot.

Jean Le Rond d'Alembert.

David Hume.

1. Cite duas características do Iluminismo.

2. Escolha um dos principais pensadores iluministas citados no texto, pesquise a vida e a obra dele e elabore, em uma folha à parte, uma biografia detalhada desse pensador. Para auxiliá-lo, busque dados sobre:
   - informações gerais, como nome completo, data e local de nascimento e morte etc.;
   - características principais de seus trabalhos e título das obras publicadas;
   - fatos que influenciaram o trabalho e curiosidades sobre o autor ou sua produção;
   - legado filosófico, isto é, quais foram os filósofos que se inspiraram em suas ideias.

Não é de espantar que...

... tenha sido necessária a criação de documentos que estabelecessem que todos os seres humanos são iguais em dignidade? Durante a história da humanidade, muitos atos contra o ser humano foram cometidos pelo desconhecimento ou desprezo de direitos. O que hoje é inquestionável, um dia, precisou ser estabelecido por lei para que a busca pela justiça fosse garantida.

SER ético hoje

Estudamos nesta unidade o que se falava de ética na Idade Moderna, mas esse tema é discutido ao longo da História. Na Grécia antiga já se tratava do assunto. Isso porque regras sobre conduta passaram a ser fundamentais para a nova visão do ser humano na sociedade.

Mas e hoje em dia, o que significa ser ético? Certamente, você já se perguntou se uma atitude a ser tomada era "boa ou ruim" ou se "deveria ou não" realizar uma determinada ação. Essas questões se relacionam com dois termos bastante caros à Filosofia: a ética e a moral. Embora não signifiquem a mesma coisa, esses conceitos se aproximam, e compreendê-los nos auxilia na busca por princípios éticos para evitar o mal, o errado, e fazer o bem.

Vamos conhecê-los?

Ética e moral: Qual é a diferença?

[...] A palavra "ética" vem do grego *ethos*. Em sua etimologia, *ethos* significa literalmente morada, *habitat*, refúgio. O lugar onde as pessoas habitam. Mas, para os filósofos, a palavra se refere a "caráter", "índole", "natureza".

Neste sentido, a ética é um tipo de postura e se refere a um modo de ser, à natureza da ação humana, ou seja, como lidar diante das situações da vida e ao modo como convivemos e estabelecemos relações uns com os outros.

A palavra "moral" deriva do latim *mores*, que significa "costume". Assim como a reflexão ética, uma conduta moral também é uma escolha a ser feita. [...] Uma pessoa moral age de acordo com os costumes e valores de uma determinada sociedade. Ou seja, quem segue as regras é uma pessoa moral; quem as desobedece, uma pessoa imoral.

Uma pessoa moral ou imoral não é necessariamente aquela que segue as leis ou regras jurídicas. Comportamentos como furar fila no banco, jogar lixo no chão, colar na prova, falar mal de um colega na frente do outro ou não dar espaço para os mais velhos no metrô não são considerados ilegais, mas podem ser atos imorais.

Basicamente, quando se trata de moral, o que é certo e errado depende do lugar onde se está. A ética é o questionamento da moral, ela trata de princípios e não de mandamentos. Supõe que o homem deva ser justo. Porém, como ser justo? Ou como agir de forma a garantir o bem de todos? Não há resposta predefinida. Mas há sempre uma resposta a ser pensada. [...]

O aprendizado da ética seria o aprendizado da convivência. Aprender a conviver juntos é um dos maiores desafios no século 21. A ética pode ser uma bússola para orientar o pensamento e responder a seguinte pergunta: qual sociedade eu ajudo a formar com a minha ação?

CUNHA, Carolina. **Ética e moral: Qual é a diferença?** Disponível em: <http://vestibular.uol.com.br/resumo-das-disciplinas/atualidades/etica-e-moral-qual-e-a-diferenca.htm>. Acesso em: 20 jun. 2016.

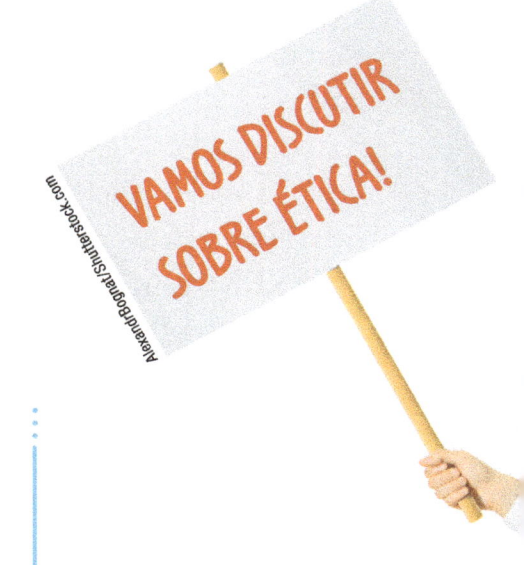

1. Defina, com suas palavras, o que é ética e moral.

2. Você acha que o diálogo é importante para convivermos bem em sociedade? Por quê?

3. Para você, como podemos agir de forma a garantir o bem de todos?

Vamos analisar

- Segundo Kant, o que a liberdade humana pode proporcionar?
- Como é possível assumir uma postura ética diante da vida?

PENSE A RESPEITO

Como vimos, para Immanuel Kant, uma boa ação é desinteressada e praticada livremente, pela intenção de realizar o bem. Essa forma de conceber o que seria uma boa ação, ao longo dos anos, inspirou pessoas na realização de boas práticas.

Você já leu o livro ou assistiu ao filme **A corrente do bem**? Essa história inspirou um grupo de australianos a transportar a ideia para a vida real: o movimento Corrente do Bem. Presente em diversos países, esse movimento chegou ao Brasil em 2011, por meio do Dia Mundial da Boa Ação, que ocorre sempre na última quinta-feira de abril.

Vamos conhecer um pouco mais essa forma de praticar uma ação desinteressada?

Mobilização mundial estimula solidariedade e gentileza

O Dia Mundial da Boa Ação é uma mobilização global que ocorre na última quinta-feira do mês de abril com o objetivo de espalhar iniciativas de solidariedade pelo mundo. [...] A ideia de disseminar uma cultura de gentilezas no cotidiano é inspirada no Pay it Forward Day, movimento surgido na Austrália, em 2007, alusivo ao livro **Pay it Forward**, de Catherine Ryan Hyde. No Brasil, o Dia Mundial da Boa Ação é articulado pelo movimento Corrente do Bem.

Em 2013, a mobilização congregou 65 países, incluindo o Brasil. "Na última quinta-feira de abril, os participantes praticam um ato de gentileza, algo simples e desinteressado; passando adiante um único pedido: o beneficiado pelo ato deve passar adiante a gentileza; como uma verdadeira corrente", explica a porta-voz da Corrente do Bem Livia Hollerbach [...].

A cada ano a Corrente do Bem busca ampliar a campanha, com a proposta de incentivar a valorização do bem-estar social como elemento indissociável da felicidade. O movimento tem como premissa mostrar que boas ações são simples, rápidas e têm o poder de transformar a sociedade [...].

Cena do filme **A corrente do bem**, de 2000.

A ideia de trazer o movimento para o Brasil, de acordo com Livia Hollerbach, surgiu a partir da constatação do enorme potencial do País, que tem chamado cada vez mais atenção no cenário mundial. "O projeto nasceu com o objetivo de tirar as pessoas do lugar, promovendo ações e projetos a favor de mudanças", conta ela. [...]

MARTINS, Lia. Mobilização mundial estimula solidariedade e gentileza. **O povo**. 18 abr. 2014. Disponível em: <www.opovo.com.br/app/opovo/tendencias/2014/04/18/noticiasjornaltendencias,3238303/mobilizacao-mundial-estimula-solidariedade-e-gentileza.shtml>. Acesso em: 4 maio 2016.

1. Segundo a representante do A Corrente do Bem no Brasil, o que a motivou a trazer também para o país esse importante movimento?

2. Leia a sinopse do filme **A corrente do bem** e responda às perguntas.

    a) Pela leitura da sinopse, o personagem Trevor mudou o seu entorno ao praticar boas ações? Justifique.

    b) Você concorda que uma boa ação desinteressada poderia alcançar o mundo em uma "abundância global de generosidade e decência"? Por quê?

DIÁLOGO FILOSÓFICO

Estudamos na unidade um pouco sobre a ação desinteressada, a ética e as boas ações. Vamos retomar esses temas nesta história e refletir um pouco sobre eles?

Um escritor que se dedicava a escrever seu novo livro morava em uma aldeia de pescadores. Vivia recluso em sua casa, de frente para o mar, solitário em seus pensamentos.

Um dia, enquanto pensava no destino que daria a seus personagens, observou, pela varanda de sua casa, uma pessoa se movimentando na areia.

Curioso, desceu até a praia e ainda permaneceu um bom tempo observando aquela graciosa dança que, agora via melhor, um rapaz realizava.

Aproximou-se lentamente, receoso de atrapalhar o trabalho do jovem.

– O que está fazendo, meu rapaz? Não pude deixar de observar seu empenho nesse trabalho.

– Estou devolvendo as estrelas-do-mar à água.

O escritor se calou, tentando compreender por que aquilo era tão importante a ponto de o rapaz despender tanto tempo na tarefa.

Diante da expressão interrogativa do escritor, o rapaz explicou:

– A maré está baixa e, quando isso acontece, elas morrem na praia. Sente o sol forte? Elas não resistem por muito tempo.

Ah, então era esta a explicação para aquela dança graciosa e incessante, mas, para o escritor, inútil.

– Mas, meu rapaz, não percebe que há milhares de estrelas-do-mar nesta mesma situação, perdidas pelas praias do mundo todo? Que diferença vai fazer salvar algumas?

O rapaz parou por um instante, olhando para a estrela-do-mar que tinha nas mãos.

– Para esta estrela-do-mar faz muita diferença...

Texto da tradição oral recontado especialmente para esta obra.

- Converse com seus colegas sobre a história que vocês acabaram de ler.

    a) Você se lembra da última vez que fez a diferença para alguém?

    b) E o contrário, você se lembra da última vez que alguém fez a diferença para você?

    c) Imagine uma pessoa como o escritor, tão autocentrado em sua vida, que em um primeiro momento não compreendeu a ação do rapaz. Uma pessoa assim pode fazer a diferença para alguém?

    d) A ação do rapaz pode ser considerada uma ação desinteressada, segundo a teoria de Kant?

51

SE É ASSIM, ENTÃO...

- Preencha o diagrama com as informações dos quadros.

==JEAN-JACQUES ROUSSEAU== ==IMMANUEL KANT== ==DAVID HUME==

==VOLTAIRE== ==MONTESQUIEU== ==DENIS DIDEROT==

==JEAN LE ROND D'ALEMBERT==

... POSSO DIZER QUE

- Ação desinteressada é quando ajo:

  ☐ para ser famoso.   ☐ porque é o certo a ser feito.

- Ação universal é aquela que vale para:

  ☐ alguns seres humanos que possuem mais riquezas.

  ☐ todos os seres humanos, em qualquer tempo e lugar.

GRANDES PENSADORES

Baruch de Espinoza (1632-1677) foi um importante filósofo holandês. Sua família era de origem judia, mas ele logo deixou a religião. Viveu a maior parte da vida em Haia, Holanda, e teve uma vida modesta: sua profissão era polir cristais ópticos.

Espinoza tinha uma grande necessidade de independência e, em certa ocasião, não aceitou uma nomeação para ser professor na Universidade de Heidelberg, na Alemanha, para não comprometer sua liberdade. Quase toda sua obra foi escrita em latim.

Faleceu de tuberculose aos 44 anos.

VAMOS ASSISTIR E ACESSAR?

A corrente do bem (Pay it Forward).

Direção: Mimi Keder. Estados Unidos: Warner Bros., 2000. DVD (123 min).

O professor Eugene todo ano lança um desafio a seus alunos: criar algo que possa mudar o mundo. O jovem Trevor, então, cria o jogo "pay it forward" (passe adiante), em que cada favor recebido terá de ser retribuído a três pessoas, formando uma corrente do bem. Para a surpresa de todos, a ideia funciona, ajudando inclusive a mãe de Trevor, Arlene, uma alcoólatra que trabalha muito para sustentar o filho.

Site do Museu Direitos Humanos do Mercosul.

Página oficial: <www.mdhm.rs.gov.br>. Acesso em: 4 mar. 2016.

Este museu em Porto Alegre (Rio Grande do Sul) é um espaço de memória cujo objetivo é dar maior visibilidade e integração aos países componentes do Mercosul por meio dos direitos humanos. A ideia é mostrar que os direitos humanos são uma construção histórica, cuja origem é uma luta social. O acervo contém as memórias de quando os direitos humanos foram violados em nosso continente.

UNIDADE 3

LIBERDADE COM RESPONSABILIDADE

Nesta unidade, estudaremos:

- as diferenças, sob o ponto de vista filosófico, entre o animal e o ser humano;
- a ideia de perfectibilidade;
- que ter liberdade demanda viver de forma responsável.

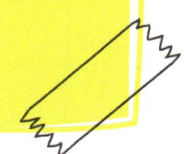

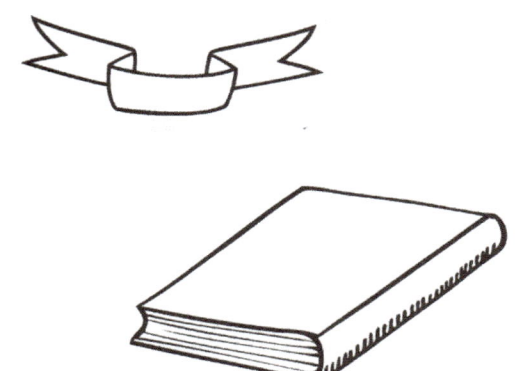

Vamos começar

- Observe a imagem. Para você, quem parece ser mais livre na imagem: a mulher ou o cachorro? Por quê?
- Você acredita que, assim como os animais, o ser humano age segundo seus instintos? Justifique.
- Podemos dizer que o ser humano é um animal diferente dos outros da natureza? Explique.

Poetas da verdade

No outro dia, depois do jantar, Marina e Sávio estavam na sala. O telefone tocara, era Eduardo informando que voltaria no dia seguinte, sem falta.

– Seu pai deve estar trabalhando duro esses dias. Preocupado como ele fica com o meio ambiente... Mas amanhã ele conta como foi.

– Hoje a diretora entrou na sala com uma "conversa entre adultos". Disse que não quer perder a professora de Matemática e propôs que pedíssemos desculpas a ela. Propôs, impôs, sei lá.

– E vocês?

– Todo mundo se comprometeu a colaborar. Ela ficou de conversar com a professora de Matemática e disse que espera voltar à nossa sala apenas para conversas agradáveis. "A maioria", disse ela, "estuda há algum tempo na escola, vi vocês crescerem. Mas alguns, pelo jeito, não cresceram o suficiente".

– Eu gosto dela, filho. Sempre respeitei a diretora Mariana, desde o dia em que fomos pela primeira vez à escola. Ela está correta. Precisa ser firme. Todos nós precisamos de limites. Precisamos aprender com o "não", até para que possamos dizer "não" para nós mesmos.

– Mãe, eu não me envolvi nessa história. Eu nunca desrespeitei a professora Valéria nem os outros professores. Eu não tenho nada a ver com isso.

— Sávio, na verdade, tem sim. Todos nós temos. Vivemos em comunidade. E temos obrigação de melhorar a nós mesmos e ajudar os outros a se melhorarem. Não dá para fingir que não estamos vendo a dor do outro. Vou contar o que desencadeou a criação dos "Poetas da verdade".

— Que bom! Finalmente!

— Essa história de ver a dor do outro me lembra de como começamos o grupo. O professor Amauri havia separado uma briga entre dois alunos. Pelo que me recordo, o motivo nem era para tanto. Eles se ofendiam e partiriam para a luta corporal se o professor não tivesse intervindo a tempo. Muitos de nós estávamos olhando e não fizemos nada. Eu também não fiz nada.

— Mas é muito difícil separar pessoas que estão no calor de uma discussão, de uma briga, no auge da emoção – Sávio falou.

— Sim, pensei assim também. Mas o professor conseguiu. Ele separou, conversou com os dois e entrou para dar aula. Disse que queria falar sobre a matemática da vida. Não me lembro bem das relações que ele fez entre pessoas, números e sentimentos. Lembro que ele nos convidou para aprender algumas palavras que tinham significado na matemática e na vida, como "fração" e "compaixão". Explicou sobre fração, sobre a parte. E sobre compaixão, sobre o todo. Falou de fatos históricos e nos comoveu. E falou das omissões que fizeram com que os fatos dolorosos de guerras, de escravidão e de preconceito ocorressem. Todos nós concordamos. E aí ele propôs, para quem quisesse, que formássemos um grupo de poetas do cotidiano. De pessoas com sensibilidade, ou melhor, com compaixão.

> Assim como os animais, nascemos, crescemos, envelhecemos e morremos. O que nos diferencia, então, deles?

— Que legal! E os garotos que haviam discutido? Poderiam participar?

— Todos poderiam participar, filho. Desde que se comprometessem a sempre dizer a verdade, sempre revelar seus sentimentos verdadeiramente. Que escolhessem ou escrevessem poemas e textos que revelassem emoções humanas. O professor dizia que estávamos muito carentes de sentimentos bons.

— A professora Valéria é cheia de sentimentos bons...

— O Amauri era um professor no conceito mais nobre da palavra. Ele professava a crença em nós. Acreditava que os nossos erros vinham muito mais por ignorância, por falta de informação, por falta de sensibilidade do que por escolha. Ele se dizia discípulo de Rousseau, pensador que considerava a natureza humana boa.

— Mas como funcionava o grupo, mãe?

— Toda terça-feira à tarde nos encontrávamos no anfiteatro da escola para ler textos e poemas de escritores de todos os tempos. Líamos também peças de teatro da Grécia antiga, textos clássicos e contemporâneos, brasileiros ou não. Analisávamos, interpretávamos os textos. O incrível é que aos poucos fomos criando nossas próprias produções.

— Muito legal, mãe.

> Para você, seguimos um instinto natural ou escolhemos tudo o que somos?

– O professor Amauri começava perguntando se alguém gostaria de contar algo interessante que havia acontecido durante a semana. No início, ficávamos tímidos, mas logo depois todos queríamos contar alguma experiência, boa ou ruim. Ele falava que estávamos compondo a nossa história e que faziam parte da composição algumas rasuras. O importante era perceber os acertos, além dos erros, e corrigi-los.

– E, aos poucos, foram sentindo necessidade de escrever seus textos?

– Sim, e queríamos compartilhar, com outros, nossas composições. Produzimos até um livro antes da nossa formatura: *Poetas da verdade*. Foi muito emocionante. Seu avô ficou orgulhoso.

– Ele também gostava de escrever, né?

– Sim, adorava!

– Qual poeta mais marcou você nessa época?

– Nossa, foram tantos... Drummond, Pessoa, Bandeira, Quintana, Cecília Meireles. Gostava também de Sófocles, Shakespeare, Rilke e Goethe.

– Sabe, mãe, você e meu pai são grandes inspirações para mim. O sentimento de justiça, o amor pela arte, o respeito ao próximo, o amor pelos animais...

– Muitos desses sentimentos eu desenvolvi com os "Poetas da verdade".

O ser humano tem algum instinto natural que o faz, por exemplo, ser tímido?

A HISTÓRIA CONTINUA...

VER diferenças entre seres humanos e animais

Eric Gevaert/Shutterstock.com; worldswildlifewonders/Shutterstock.com; andamanec/Shutterstock.com; Claudia Pauliussen/Shutterstock.com

> Mas, mesmo que as dificuldades que cercam todas essas questões permitissem a discussão sobre a diferença entre o homem e o animal, há outra qualidade muito específica que os distingue, e sobre a qual não pode haver contestação: é a faculdade de se aperfeiçoar [...].
>
> Jean-Jacques Rousseau,
> em *Discurso sobre a origem e os fundamentos da desigualdade entre os homens*.

1. Observe as imagens na página ao lado. Há semelhança no comportamento dos animais com o de seres humanos? Justifique.

   _____
   _____
   _____
   _____

2. Diferentemente do animal, o ser humano pode escolher seguir ou não seus instintos. Marque com **X** as ações a seguir que são consideradas instintivas.

   ☐ Fazer careta.   ☐ Dormir.   ☐ Bocejar.   ☐ Gritar.

3. Segundo o filósofo Jean-Jacques Rousseau, qual é a qualidade que distancia os seres humanos dos animais?

   _____
   _____
   _____

4. Rousseau explica que o ser humano é livre para aperfeiçoar-se. Quais das ações abaixo exemplificam atitudes de aperfeiçoamento humano?

   ☐ Almoçar no mesmo horário todos os dias.

   ☐ Dormir oito horas por dia.

   ☐ Estudar por duas semanas para uma prova importante.

   ☐ Assistir a muitas séries de televisão.

   ☐ Pesquisar um instrumento musical que deseja conhecer melhor.

VAMOS PENSAR MELHOR

1. Em alguns momentos, na escola de Sávio, ocorrem problemas nas relações sociais. Em dupla, leiam as situações abaixo, discutam os problemas que elas apresentam e sugiram soluções para cada uma delas.

   a) A professora Valéria quer deixar de dar aulas porque os alunos não a respeitam.

   _____
   _____
   _____
   _____

   b) Dois colegas começam uma discussão em sala de aula.

   _____
   _____
   _____
   _____

2. Analise as situações a seguir e, depois, assinale aquelas em que você pode perceber que houve liberdade de escolha diante dos instintos.

   ☐ Marina estava com muita fome, mas resolveu esperar Eduardo, seu marido, para jantarem juntos.

   ☐ Sávio ficou com muita raiva de seus colegas por não respeitarem a professora, mas resolveu contar até dez para esperar a raiva passar.

   ☐ Maria estava tão apressada para chegar em casa que esbarrou em diversas pessoas pelo caminho.

   ☐ Pedro já estava saciado, mas decidiu comer mais um prato de purê de batatas, porque era seu favorito.

   ☐ Carla estava com muito sono e, por isso, tirou uma soneca depois do almoço. Acabou perdendo a hora da aula da tarde.

3. Para analisarem a distinção entre o ser humano e o mundo natural, por exemplo, muitos filósofos costumam observar e classificar as semelhanças que há entre eles. Vamos exercitar essa capacidade de reconhecer semelhanças? Observe e escreva o que aproxima os itens a seguir.

a) Cavaleiros e damas.

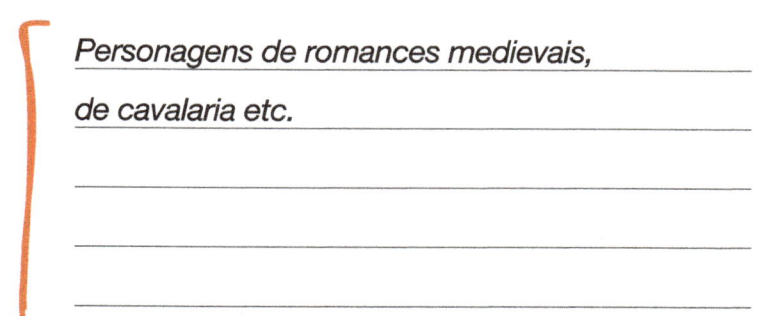

Personagens de romances medievais, de cavalaria etc.

b) Pacífico e Atlântico.

c) Zeus e Apolo.

d) Cão e gato.

CONHECER a Filosofia Moderna e a natureza humana

Dentre os muitos pontos que os filósofos tentaram compreender, destaca-se o que distingue os seres humanos dos animais. O filósofo francês Jean-Jacques Rousseau, por exemplo, tentou responder a essa questão na obra **Discurso sobre a origem e os fundamentos da desigualdade entre os homens**, de 1755. Até essa época, havia dois critérios básicos que auxiliavam um filósofo a distinguir animais de seres humanos: de um lado, a inteligência; de outro, a sensibilidade, a afetividade e a sociabilidade.

Ao refletir sobre o tema, o filósofo grego Aristóteles (384-322 a.C.) definiu o ser humano como um animal racional. Já o filósofo francês René Descartes (1596-1650) apontou outro critério: a afetividade. Segundo Descartes, faltavam emoções aos animais para exprimir, ainda que tivessem órgãos para fazê-lo.

Diante dessas duas formas de distinção, Rousseau deu um passo adiante e expandiu os critérios filosóficos que existiam até aquele momento de separação entre o ser humano e o animal. Rousseau acreditava que os animais possuíam as mesmas faculdades presentes no ser humano, a diferença seria apenas o grau de evolução dessas faculdades. Assim, segundo Rousseau, o critério de diferença entre o ser humano e o animal está em outro ponto: na ideia de **perfectibilidade**.

Mas o que seria isso? Perfectibilidade é a faculdade de se aperfeiçoar durante a vida.

O animal é guiado pelo instinto desde a origem: ele é e sempre será o mesmo, seguindo seu instinto do nascimento até a morte. O ser humano, ao contrário, vai definindo ao longo da vida sua capacidade de controlar o instinto natural. No caso dos animais, seu instinto não permite a eles que façam algo completamente diferente daquilo para o que foram "programados".

A situação do ser humano, segundo Rousseau, é inversa. Se o ser humano não está "programado" por um instinto, logo ele está livre para mudar hábitos, costumes etc., podendo distanciar-se de todas as regras previstas que existem nos animais.

Contudo, devido a essa característica, o ser humano pode cometer excessos, por exemplo: comer demais (até ficar doente) ou comer de menos (gerando também muitas doenças). Isso quer dizer que no ser humano a vontade fala mais alto do que os instintos naturais.

Já no século XX, o filósofo francês **Jean-Paul Sartre**, analisando esse tema, recuperou os pensamentos de Rousseau e explicou que, no ser humano, a existência precede a essência. Ou seja, primeiro existimos, sem essa tal "programação", sem natureza, e só depois iremos fazer nossas próprias escolhas para nos formar. Por ter nascido sem essência determinista, para Sartre, o ser humano está obrigado a escolher o que ou quem irá ser.

E quais as consequências morais disso?

Em primeiro lugar, como a história dos seres humanos é dupla – ou seja, de um lado, há a própria história do indivíduo, que chamamos de educação; e, de outro, há a história da espécie humana, que podemos chamar de cultura e política –, diferente dos animais, carrega a marca da responsabilidade e da liberdade.

No caso dos animais, não há muita diferença entre a história individual e a história da espécie: o comportamento de um bisão há mil anos é basicamente o mesmo hoje. Não podemos dizer a mesma coisa das sociedades humanas, já que elas não param de mudar.

Em segundo lugar, como o ser humano não está "programado" pela natureza, nada pode prendê-lo: ele é livre para escolher sua própria condição. Assim, o ser humano, por exemplo, escolhe a profissão por um tempo, sem que isso implique um estado do qual ele não pode se livrar.

Em terceiro lugar, por ser livre é que o ser humano pode agir moralmente, pode ser responsável entre escolher boas e más ações. Não podemos condenar um urso por atacar uma presa, porque o urso está seguindo um instinto, um programa natural. Mas podemos condenar um ser humano por cometer uma má ação contra o próximo justamente porque foi livre para escolher.

Jean-Paul Sartre nasceu em Paris, em 1905. Foi importante filósofo francês, professor, escritor e dramaturgo. Faleceu em Paris, em 1980.

1. Por que é importante, do ponto de vista filosófico, compreender as diferenças entre seres humanos e animais quando estudamos a natureza humana?

2. Quais eram os critérios usados até a época de Rousseau para diferenciar o ser humano do animal?

3. Para Aristóteles, o que havia de específico no ser humano que o diferenciava dos animais?

   ☐ A liberdade.   ☐ A linguagem.

   ☐ A afetividade.   ☐ A fé.

   ☐ O raciocínio.   ☐ A dignidade.

4. Qual foi o outro critério apontado pelo filósofo René Descartes?

5. O que significa dizer que o animal é guiado pelo instinto desde a origem?

6. Qual critério Rousseau usou para diferenciar seres humanos de animais?

_____

_____

7. O que significa a existência preceder a essência?

_____

_____

_____

8. Leia um fragmento da obra de Sartre e, em seguida, assinale a alternativa correta.

> Assim, não há natureza humana [...]. O homem é, não apenas como ele se concebe, mas como ele quer que seja, como ele se concebe depois da existência, como ele se deseja após este impulso para a existência; o homem não é mais que o que ele faz.
>
> SARTRE, Jean-Paul. **O existencialismo é um humanismo.** São Paulo: Abril Cultural, 1978. p. 6.

☐ Esse excerto mostra que Sartre tenta buscar uma definição de ser humano.

☐ Esse fragmento mostra que, assim como Rousseau, Sartre pensa que não há natureza humana, e o homem pode escolher ser quem ele quer ser.

☐ Esse trecho propõe que, sem saber qual é sua natureza, o ser humano não pode ser livre.

O que aprendemos?

- A nova forma de distinguir o ser humano do animal proposta por Rousseau: a ideia de perfectibilidade.
- O filósofo francês Sartre afirma que o ser humano usa sua liberdade para escolher quem e o que ele irá ser.
- O ser humano é livre para escolher não seguir a "programação" do instinto natural e para criar sua própria história.
- Só por ser livre é que o ser humano pode agir moralmente: ser livre implica assumir responsabilidades.

FILOSOFIA EM TODA PARTE

Como vimos, a questão filosófica acerca da diferença entre seres humanos e animais não parou na época de Rousseau. Filósofos modernos, como Jean-Paul Sartre, também se ocuparam dela.

Além da Filosofia, outras áreas do saber continuam a pesquisar tanto o comportamento do ser humano como o do animal; a descoberta de novos dados nessas pesquisas nos tem feito rever os critérios de diferença entre esses dois grupos.

Vamos ler um texto que traz dados sobre como funciona o pensamento de alguns animais?

Os animais pensam como nós?

Nenhum pesquisador duvida que o pensamento abstrato do *Homo sapiens* é um feito inédito no mundo animal. Mas, quanto mais os cientistas sabem sobre espécies como chimpanzés, gorilas, orangotangos, baleias e golfinhos, mais eles chegam à conclusão de que a barreira intelectual que separa os homens desses animais é bem menor do que se imaginava.

Dois estudos pioneiros, nas décadas de 1950 e 1960, foram fundamentais para diminuir essa distância. O primeiro, realizado na ilha de Koshima, no Japão, detectou que os macacos da região eram capazes de aprender novas técnicas para se alimentar a partir da mudança do hábito de um dos seus pares. A pesquisa revelou que um jovem macaco provocara uma pequena revolução na ilha ao passar a lavar a batata-doce num pequeno braço d'água antes de comê-la, ato que passou a ser repetido por três quartos de todos os macacos jovens da ilha. A descoberta provou que o homem não era o único a transmitir um comportamento socialmente adquirido – não transmitido geneticamente nem aprendido individualmente. O segundo estudo foi o da inglesa Jane Goodall que, ao conviver com chimpanzés na Tanzânia, provou que esses primatas tinham uma complexa vida social, uma linguagem primitiva com mais de 20 sons e a capacidade de usar diversas ferramentas para obter alimento – algo considerado exclusivo da nossa espécie. [...]

Chimpanzés possuem linguagem primitiva com mais de 20 sons.

Cultura e política

Como até a ONU já reconheceu que não dá mais para tratar os grandes primatas como animais comuns (o secretário-geral da ONU Kofi Annan escreveu que, "assim como nós, eles têm autoconsciência, cultura própria, ferramentas e habilidades políticas"), é bem possível que, no futuro, o homem venha a descobrir que se comportou diante dessas espécies com a mesma arrogância das velhas teorias de superioridade racial.

CAVALCANTE, Rodrigo. Os animais pensam como nós? **Os 30 maiores mistérios da Ciência.** São Paulo: Ed. Abril, edição 240a, jan. 2007. Disponível em: <http://super.abril.com.br/ciencia/os-animais-pensam-como-nos>. Acesso em: 21 mar. 2016.

1. O que os estudos destacados no texto descobriram sobre o pensamento dos animais?

2. Por que, para a Organização das Nações Unidas (ONU), os grandes primatas não são "animais comuns"?

3. Você acha que, segundo a teoria de Rousseau, os grandes primatas seriam capazes de se libertarem da programação natural dos instintos? Justifique.

Não é de espantar que...

... como seres vivos, tais como os animais, não sigamos uma programação natural para buscar orientação na vida? Como não há natureza humana pronta, nossas escolhas podem nos deixar, por vezes, perdidos; no entanto, é aí que entra, justamente, nosso poder de perfectibilidade. Essa ideia pressupõe outra: a de liberdade. Ao lidarmos com novas situações, recorremos a nossa historicidade e vamos construindo nosso caminho, singular, único, na trajetória da humanidade.

SER humano

Rousseau, ao determinar em seus estudos a diferença da tomada de decisão entre o ser humano e o animal, afirma que:

> [...] um escolhe ou rejeita por instinto, e o outro, por um ato de liberdade: o que faz com que o animal não se afaste da regra que lhe é prescrita, mesmo quando lhe fosse vantajoso fazê-lo, e que o homem se afaste frequentemente dela, em seu prejuízo.
>
> ROUSSEAU, Jean-Jacques. In: FERRY, Luc. **Aprendendo a viver**. Rio de Janeiro: Objetiva, 2007. p. 131.

Para esse filósofo, então, o ser humano, ao contrário do animal, tem a liberdade de se afastar de seu instinto, ainda que esse movimento o prejudique. Nesse sentido, a partir dessa ideia de Rousseau, Jean-Paul Sartre vai além. Na obra **O existencialismo é um humanismo** (1946), o filósofo francês considera que o ser humano, sem apoio e sem ajuda, está condenado a inventar o ser humano a cada instante.

A história a seguir explora o que Sartre propõe em sua reflexão. Vamos ler?

> O Sr. Alombon pediu para toda a turma que elaborasse seu próprio dicionário. As palavras foram sorteadas, e as que caíram para Josi foram: **bússola**, **borboleta-folha** e **ser humano**. "A primeira é fácil", diz para si mesma. Uma **bússola** é um instrumento que aponta para o Norte. Já uma **borboleta-folha**, ela não sabe o que é. Procurando em uma enciclopédia, descobre que se trata de uma espécie de borboleta cujas asas lembram folhas secas. Quanto à terceira, **ser humano**, Josi não entende bem por que o Sr. Alombon lhe pediu para explicá-la: todo mundo sabe o que é **ser humano**! Ela começa, mesmo assim, a rascunhar uma definição: **ser humano**: *animal que sabe falar e fabricar ferramentas...* Josi fica orgulhosa do que escreveu, mas não totalmente satisfeita. Percebe que definir **ser humano** é mais difícil do que pensava. Se uma bússola serve para orientar; uma cadeira, para sentar; o ser humano não "serve" para nada, portanto não é possível defini-lo por sua função. A vida de todas as borboletas-folha é parecida: nascem lagartas, depois viram crisálidas e, enfim, transformam-se em borboletas, podem se reproduzir e depois morrem. A existência do ser humano é diferente, mais complexa. No nascimento, não sabemos o que

se tornará a criança. *Será piloto de caça ou marceneiro? Político ou jornalista? Será audaz ou medroso? Reservado ou falastrão? Egoísta ou prestativo? O que terá mais importância a seus olhos: dinheiro ou amizade?* O ser humano não é programado. A cada dia, deve escolher o que vai se tornar. Tomando esta ou aquela decisão, fazendo isto ou aquilo, o ser humano se constrói, o ser humano se inventa, o ser humano se faz.

BOIZARD, Sophie. **Grandes filósofos falam a pequenos filósofos**. São Paulo: FTD, 2015. p. 23.

1. O que significa dizer que no animal a natureza fala fortemente? Circule a alternativa correta.

    a) Que a natureza grita com o animal.

    b) Que o instinto natural é tão forte que o animal segue sem hesitação.

    c) Que no animal o instinto é importante, mas nem sempre.

    d) Que o animal é livre para fugir aos instintos.

2. Por que, ao tentar definir **ser humano**, Josi não ficou satisfeita com sua descrição?

   _____

   _____

3. A partir da leitura do texto, explique, com suas palavras, a afirmação de Sartre de que o ser humano, sem apoio e sem ajuda, está condenado a inventar-se a cada instante.

   _____

   _____

Vamos analisar

- Em sua opinião, aperfeiçoar-se é a única diferença entre seres humanos e animais?
- Você acredita que há pessoas que escolhem não se aperfeiçoar? Justifique.

PENSE A RESPEITO

Estudamos o ponto de vista de Rousseau e Sartre sobre as diferenças entre ser humano e animal e vimos que a diferença, para esses filósofos, é que o ser humano pode se aprimorar, não está preso a nenhuma "programação" da natureza.

Ter consciência sobre esse fato pode gerar um sentimento de certa superioridade e fazer com que alguns seres humanos tomem ações que influenciem diretamente a qualidade de vida dos animais. Vamos ler a entrevista do médico norte-americano, Dr. John Pippin, da associação americana PCRM (sigla em inglês para Comitê Médico pela Medicina Responsável), na qual trata da necessidade de testes científicos em animais.

'Uso de animais para estudar doenças e testar drogas para uso humano é um grande erro'

[...] Qual é a sua opinião sobre o uso de animais em pesquisas acadêmicas e testes laboratoriais?

Dr. John Pippin.
Alex Wong/Getty Images

Minha posição é que é errado sob todos os aspectos. É errado por razões éticas, e eu posso dizer isso com autoridade porque eu já participei de pesquisas que testavam em animais, então posso dizer que, mesmo nas mãos de pessoas cuidadosas e carinhosas, é horrível, cruel, e muitas vezes fatal para os animais que são usados nesse tipo de pesquisa. Essa é a questão ética.

A questão científica é que está provado que o uso de animais para estudar doenças humanas e testar drogas para uso humano antes que elas sejam mandadas para testes clínicos em pessoas é um grande erro. Os resultados geralmente têm uma aplicabilidade muito baixa em seres humanos, e é um sistema que claramente está demonstrado que não é eficaz, não prevê os resultados em organismos humanos, consome grandes recursos financeiros e produz poucos, quando nenhum, benefícios para pacientes.

Do ponto de vista científico, é errado porque não funciona. E do ponto de vista moral, é errado porque é cruel e fatal para os animais nos laboratórios. [...]

E quais são as alternativas mais eficientes ao teste com animais?

O princípio fundamental de achar alternativas melhores à política falida de usar animais é usar um sistema que se aplique a humanos.

Usando tecidos humanos, você consegue resultados que se aplicam a humanos, e você não precisa adivinhar se o que aconteceu com o rato também se aplica a humanos. É possível usar um tecido do fígado, colocar em contato com uma droga "para" ver se vai causar algum câncer. Há vários tipos de tecidos possíveis, mas as amostras mais avançadas são ambientes tridimensionais, como partes de cânceres ou partes de tecido humano. E a área mais promissora nesse sentido é a de células-tronco.

Cientista segura rato de laboratório.

Hoje é possível obter células-tronco que podem ser programadas para se tornar qualquer tecido que você queira a partir de outros tecidos. Dá "para" criar corações, fígados, pulmões. Já foram criadas bexigas humanas a partir de células-tronco. Isso mostra o potencial de usá-las para estudar o efeito de drogas e químicos em tecidos humanos. Há também métodos baseados em *software*: são vastos bancos de dados armazenando informações sobre o comportamento do organismo humano em geral e o que se observou até hoje que funciona e não funciona. [...]

FREITAS, Ana. 'Uso de animais para estudar doenças e testar drogas para uso humano é um grande erro'. **Revista Galileu**. Disponível em: <http://revistagalileu.globo.com/Revista/Common/0,,EMI344794-17770,00-USO+DE+ANIMAIS+PARA+ESTUDAR+DOENCAS+E+TESTAR+DROGAS+PARA+USO+HUMANO+E+UM+GR.html>. Acesso em: 21 mar. 2016.

1. O médico norte-americano Dr. John Pippin é contra o uso de animais em testes de laboratório. Por quê?

2. Por que o Dr. John Pippin julga os testes laboratoriais em animais uma questão ética?

3. Escreva quais são as alternativas mais eficientes ao teste com animais mencionadas pelo médico.

DIÁLOGO FILOSÓFICO

A capacidade humana de perfectibilidade nos permite construir de forma particular nossa jornada. E é essa capacidade, como vimos, que nos possibilita viver livremente, tomando decisões no decorrer de nossa existência.

É importante pensar e refletir sempre sobre nossa possibilidade de aprimoramento, porque, com ele, há a responsabilidade de melhorarmos a cada dia. Sobre esse aspecto, o filósofo e cientista francês Blaise Pascal, ao estudar a grandeza do ser humano, afirmou:

> O homem não é nada além de um junco, o mais frágil da natureza, mas é um junco pensante. Não é necessário que o universo inteiro se arme para destruí-lo; um vapor, uma gota d'água é suficiente para matá-lo. Mas quando o universo o destruísse, o homem seria ainda mais nobre que aquele que o mata, pois sabe que morre e a vantagem que o universo tem sobre ele. O universo não sabe nada disso.

PASCAL, Blaise. **Pensamentos**. Bauru: Edipro, 1995. p. 154.

Para Pascal, estamos sempre em vantagem em relação ao restante do Universo, porque temos consciência de nossa fragilidade. Vamos pensar um pouco mais sobre o que disse Pascal? Leia o texto a seguir que explora a afirmação do filósofo francês.

> Josi tem curso de pintura toda quarta-feira. Ela acaba de terminar um grande quadro sobre a criação do mundo, no qual reuniu todos os animais da Terra. Vemos uma leoa de corpo musculoso, um avestruz em plena corrida, uma víbora com a língua bifurcada, um tubarão e seus dentes monstruosos, uma lula cuspindo tinta preta, uma tartaruga encolhida na carapaça e, no meio, um ser humano, frágil, sem pelagem, sem asas nem casca, que não é forte nem rápido na corrida, mas dotado de um cérebro fora do comum. Ele se distingue de tudo o que existe sobre a Terra por sua capacidade de pensar e de ter consciência do que lhe

acontece. Se a leoa o ataca, ele não tem a menor chance de escapar e sabe disso; se a víbora o morde, ele pode morrer e sabe disso. Se, no entanto, um vírus pode deixar doentes a leoa, a víbora e o ser humano, este último é o único que saberá desse fato.

O ser humano é, ao mesmo tempo, grande e pequeno, forte e frágil, sua grandeza é a de ter consciência de sua fragilidade.

BOIZARD, Sophie. **Grandes filósofos falam a pequenos filósofos**. São Paulo: FTD, 2015. p. 22.

- Em dupla, discutam:

  a) Por que Pascal compara o ser humano ao junco?

  b) Para vocês, por que Pascal afirma que o ser humano é "um junco pensante"?

  c) **Ser pensante** coloca o ser humano em vantagem em relação aos outros habitantes do Universo. Qual a responsabilidade do ser humano em relação a essa condição?

SE É ASSIM, ENTÃO...

- Procure no diagrama conceitos, ideias e palavras-chaves que você estudou nesta unidade.

ESSÊNCIA **EXISTÊNCIA** **LIBERDADE** **NATUREZA**
PERFECTIBILIDADE **ROUSSEAU** **SARTRE**

E	D	A	D	I	L	I	B	I	T	C	E	F	R	E	P	A	O	E	M
L	U	I	R	E	M	A	N	U	J	O	A	E	L	I	S	A	J	X	Y
O	V	A	L	S	E	M	E	N	T	I	N	C	A	V	A	L	H	I	U
L	Z	I	U	S	L	S	I	D	L	L	A	R	R	O	I	M	E	S	Q
E	U	A	D	Ê	A	C	O	R	A	J	Z	J	O	S	T	R	A	T	W
O	A	C	I	N	S	A	E	R	M	D	E	E	E	A	C	I	B	Ê	S
O	E	L	E	C	D	A	D	J	O	S	R	U	A	S	N	I	M	N	X
R	S	E	P	I	E	R	O	L	P	G	U	E	T	V	N	A	H	C	Z
S	S	A	N	A	T	I	J	N	U	P	T	A	B	R	T	G	I	I	J
T	U	J	R	A	E	M	H	I	R	O	A	D	O	I	A	E	P	A	G
A	O	E	L	T	L	L	E	D	H	D	N	S	L	A	L	B	A	H	I
B	R	D	U	L	R	A	V	S	D	E	H	O	E	P	Y	L	E	J	P
N	M	I	G	H	V	E	U	B	A	C	A	S	K	O	L	T	R	O	W

... POSSO DIZER QUE

- Com base no que estudou, resuma as principais ideias dos filósofos abaixo sobre a diferença entre seres humanos e animais.

  – Rousseau: _____

  _____

  – Sartre: _____

  _____

76

GRANDES PENSADORES

Jean-Paul Sartre (1905-1980) estudou na reconhecida Escola Normal Superior de Paris. Lá conheceu sua companheira de toda a vida, Simone de Beauvoir (1908-1986). Depois da graduação, trabalhou como docente na Universidade de Le Havre, na França, em 1931. Foi o principal representante do chamado existencialismo francês.

Na Segunda Guerra Mundial, acabou prisioneiro do exército alemão durante a ocupação nazista da França. Ao ser liberado, em 1941, uniu-se ao movimento de resistência. Sartre foi importante intelectual de sua época, escrevendo não apenas obras de Filosofia, mas também ensaios políticos, romances, contos e obras teatrais. Seus textos ganharam muita notoriedade, de modo que, em 1945, fundou com Simone de Beauvoir a revista político-literária **Os Tempos Modernos**. Ganhou o Prêmio Nobel de Literatura em 1964, mas o recusou em forma de protesto.

VAMOS ASSISTIR?

Planeta dos macacos: a origem (Rise of the Planet of the Apes).

Direção: Rupert Wyatt. Estados Unidos: Twentieth Century Fox Film Corporation, 2011. DVD (105 min).

Uma série de experimentos com animais faz com que um chimpanzé passe a desenvolver sua inteligência, sentimentos e afetividade, tornando-o cada vez mais próximo do ser humano. Oportunidade interessante para discutir as semelhanças e diferenças entre seres humanos e animais, possibilitando aprofundar o conhecimento sobre nós mesmos.

Mogli: o menino lobo (The Jungle Book).

Direção: Jon Favreau. Estados Unidos: Walt Disney Pictures, 2016. DVD (106 min).

Baseado na obra literária de mesmo nome do escritor britânico Rudyard Kipling (1865-1936), a trama gira em torno do jovem Mogli, um garoto de origem indiana que foi criado no meio de lobos em plena selva, contando com a companhia de um urso e uma pantera-negra.

UNIDADE 4

DEMOCRACIA, SOBERANIA, LIBERDADE E LEI

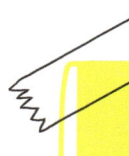

Nesta unidade, estudaremos:
- as ideias de democracia e soberania na Filosofia Moderna;
- a relação entre liberdade e lei na Filosofia Moderna.

Vamos começar

- Observe a imagem. Em sua opinião, em que país nasceu o conceito de democracia?
- Nós vivemos em um país democrático. O que você sabe sobre esse regime político?
- Alguma vez você sentiu que os direitos da sociedade estavam sendo desrespeitados? Quando?

Justiça e sonhos

Eduardo chegou cedo em casa, cansado, mas profundamente animado com os planos para a despoluição do mar. Contou com detalhes para Sávio todos os esforços para salvaguardar o meio ambiente. E depois perguntou:

– E a professora Valéria? O que ela decidiu, filho?

– Ela não vai embora da escola. A diretora fez os alunos perceberem que aquela situação era absurda e que não havia como aceitar que os alunos provocassem a saída de um professor. Ela considera isso inadmissível.

– Com razão!

– Também acho. Então todos nós fomos conversar com a professora. Felizmente, ela reavaliou e decidiu ficar.

– Sua mãe vai gostar de saber que foi esse o desfecho da história.

– Vai sim! – falou Sávio. – Pai, daqui a um mês vai acontecer a eleição para o grêmio estudantil da escola. Meus colegas querem que eu seja candidato a presidente. O que você acha?

– O que *você* acha, Sávio?

– Acho legal.

– Qual é o seu projeto para o grêmio?

– Meu projeto?!

– Sim, o que você sonha em fazer em sua escola?

– Preciso pensar.

– Então, pense antes de ser candidato. O grêmio é um espaço democrático no qual os alunos têm voz e podem se sentir protagonistas da própria história. Eu fui presidente do Centro Acadêmico da faculdade. Foi uma época incrível.

– Pai, você me ajuda a pensar no meu sonho para a escola?

– Claro, filho. Mas quem tem que definir é você.

– Eu sei. O que você acha de fazermos uma lei proibindo os alunos de terem mau comportamento?

– Uma lei sobre isso? Talvez fosse melhor vocês escreverem um conjunto de valores éticos para a escola. O que acha?

– Acho bom. E como poderia ser feito?

– Escolham alguns princípios, depois escrevam algumas normas de conduta. Os princípios são mais genéricos, as normas dizem respeito ao cotidiano de vocês. E, se conseguirem escrever isso coletivamente, terá mais valor.

– Princípios. Como assim?

– Filho, o princípio nuclear da nossa Constituição Federal de 1988 é a "dignidade da pessoa humana". Isso significa que todos os outros princípios devem levar em conta esse núcleo central.

Eduardo levantou e foi buscar na estante um livro com o texto da Constituição brasileira.

> Podemos fazer o que quisermos em sociedade ou temos de seguir leis ?

– Veja a riqueza do artigo 3.º da nossa Constituição.

Art. 3º Constituem objetivos fundamentais da República Federativa do Brasil:
I – construir uma sociedade livre, justa e solidária;
II – garantir o desenvolvimento nacional;
III – erradicar a pobreza e a marginalização e reduzir as desigualdades sociais e regionais;
IV – promover o bem de todos, sem preconceitos de origem, raça, sexo, cor, idade e quaisquer outras formas de discriminação.

– Promover o bem de todos é muito legal, pai.
– É sim, filho. Embora estejamos longe disso, temos de tentar.
– Posso me basear nesses princípios para escrever os da escola. Você me ajuda?
– Ajudo, Sávio. Você e seus colegas escrevem e vamos aperfeiçoando o texto juntos.
– E depois escrevo alguns objetivos mais básicos, mais práticos do dia a dia, né?
– Sim. Mas respeitando sempre os princípios que vocês escolheram.
– Do que vocês estão falando tão animadamente? – Marina entrou na sala, feliz por encontrar sua família unida.

Como podemos saber quando uma lei é justa?

– Sávio está pensando em se candidatar a presidente do grêmio da escola.

– Isso é ótimo! Sinto muito orgulho desse menino! – e deu um longo abraço no filho. – Posso ajudar, se quiser.

– Toda ajuda é sempre bem-vinda, mãe.

– Hoje foi a reunião com os donos da empresa de produtos agrícolas, não? – lembrou-se Eduardo.

– Sim... Não foi fácil, mas eles perceberam que a justiça prevaleceria de todo jeito, que não desistiríamos. Os trabalhadores finalmente conseguiram o que reivindicam há tanto tempo! É um sonho realizado!

– Precisamos comemorar! – exclamou Eduardo.

– Essa história acabou me lembrando do enredo do livro **Os miseráveis**, de Victor Hugo.

– Por quê, filho?

– Ali tem um monte de sonhos, né? Os ideais da Revolução Francesa.

– Ali tem um tratado sobre compaixão. Lembra a história do Jean Valjean? E do monsenhor que muda a vida dele?

– O mundo tem muita gente boa...

– Pai, vamos assistir ao filme **Os miseráveis** de novo, no sábado?

– Vamos. Nós merecemos. Agora vamos preparar o jantar, rapaz!

> Se a lei foi escolhida por todos, ela é uma lei justa?

VER a vontade geral

Eleitor exercendo a democracia por meio de voto popular em urna eletrônica.

> A soberania nada mais é que o exercício da vontade geral.
>
> Jean-Jacques Rousseau, em **Do contrato social**.

1. A imagem ao lado simboliza a vontade geral de um país democrático? Por quê?

   _____
   _____
   _____
   _____

2. A vontade geral é a vontade que todos devem querer, pois ela é a:

   ☐ da minoria.

   ☐ da soberania.

   ☐ da tirania.

   ☐ dos políticos.

   ☐ melhor para todas as pessoas.

3. Podemos considerar o direito de voto uma conquista para o cidadão?

   _____
   _____
   _____

4. O exercício da vontade geral é soberano?

   _____
   _____
   _____

5. Pesquise e responda. O Congresso Nacional é constituído:

   ☐ pelo Senado Federal.

   ☐ pela Câmara dos Deputados.

   ☐ pelos juízes de Direito.

   ☐ pelos vereadores.

   ☐ pelo Senado Federal e pela Câmara dos Deputados.

VAMOS PENSAR MELHOR

1. Sávio vai se candidatar a presidente do grêmio estudantil de sua escola.

    a) Faça uma pesquisa e escreva a definição de grêmio estudantil.

    ---

    b) Em sua opinião, quais qualidades são necessárias para um estudante desempenhar bem a função de presidente de grêmio estudantil?

    ---

2. Sávio pergunta ao pai: "O que você acha de fazermos uma lei proibindo os alunos de terem mau comportamento?".

    a) Proponha como seria essa lei sugerida por Sávio.

    ---

    b) Seria uma lei justa? Por quê?

    ☐ Sim. ☐ Não.

    ---

    c) As leis criadas pelos seres humanos surgem da necessidade de organizar a sociedade. Neste sentido, a proposta de lei sugerida por Sávio ajudaria a sociedade? Por quê?

    ☐ Sim. ☐ Não.

3. O pai de Sávio sugere que os alunos escrevam um conjunto de valores éticos para a escola, que seria composto por princípios norteadores e normas de conduta. Agora é a sua vez. Em grupos, escrevam um conjunto de valores éticos para sua escola composto por dez normas de conduta. Discutam em classe o texto que criaram.

_____
_____
_____
_____
_____
_____
_____
_____
_____
_____

4. Leia as frases e faça um **X** na sua opção. Em seguida, justifique sua resposta.

Uma lei justa é aquela que todos aceitam.

☐ Concordo parcialmente.   ☐ Discordo parcialmente.

☐ Concordo totalmente.   ☐ Discordo totalmente.

- Justificativa:
_____

Uma lei é sempre justa quando todos a aceitam.

☐ Concordo parcialmente.   ☐ Discordo parcialmente.

☐ Concordo totalmente.   ☐ Discordo totalmente.

- Justificativa:
_____

5. O direito ao voto no Brasil sempre existiu para todas as pessoas? Faça uma pesquisa em livros, revistas e *sites* sobre o tema e responda, em seu caderno, a essa pergunta. Em seguida, comente com seus colegas o resultado de sua pesquisa.

87

CONHECER a soberania, a democracia, a lei e a liberdade

Se precisamos nos organizar em sociedade, isto é, viver juntos, é necessário fazer a seguinte pergunta: quem vai deter o poder que organizará essa sociedade?

Essa questão refere-se à soberania. A **soberania** é o maior poder de uma comunidade, ela é o conjunto de poderes que constituem um Estado politicamente organizado.

Mas quem deve deter o poder para governar? Apenas um, alguns poucos ou todos? Para o governo de apenas um, deu-se o nome de **monarquia**. Para o de alguns, o nome de **aristocracia**. E, para o governo de todos os cidadãos, o nome de **democracia**, ou seja, a democracia é um regime político no qual a soberania é exercida pelo povo.

Onde nasceu a democracia?

A ideia de democracia surgiu em Atenas, cidade-estado grega, ao final do século VI a.C. O estadista Sólon (c. 630-560 a.C.) criou a constituição que seria considerada o conjunto das primeiras leis escritas do mundo ocidental. Os cidadãos de Atenas pouco a pouco foram construindo essa nova forma de governo, escolhendo seus políticos e tomando decisões importantes para todos por meio de uma assembleia democrática, a Eclésia. Mas é importante lembrar que nem todos os habitantes de Atenas eram considerados cidadãos, somente os homens nascidos em Atenas (estavam excluídos os jovens, as mulheres, os estrangeiros, as crianças e os escravos).

Sólon.

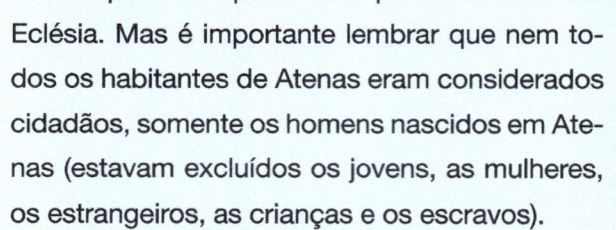

Ágora, praça de Atenas onde as pessoas se reuniam em assembleia popular.

Um governo democrático diz respeito a um governo constitucional, que tem uma constituição – ou seja, um conjunto de leis – elaborada a partir do consentimento de todos.

E qual a relação de um governo democrático com a liberdade? A **liberdade** dentro de uma democracia ocorre porque obedecemos a uma lei que escolhemos livremente.

Ainda que tenham surgido na Grécia antiga, as relações entre democracia, lei e liberdade foram reelaboradas também pelos filósofos modernos. Vamos estudar as considerações do importante filósofo francês barão de Montesquieu (1689-1755).

Ao criticar o Absolutismo (regime político no qual o soberano detém poder sem limites), na figura de Luís XIV (1638-1715), esse pensador propôs um regime político moderado. O fundamento desse regime é a separação do poder, pois somente assim é possível garantir a liberdade política. Esta foi uma grande contribuição ao mundo moderno, uma vez que, quando se pensa em democracia, pensa-se em divisão dos poderes. Montesquieu escreveu:

Barão de Montesquieu.

> [...] A liberdade é o direito de fazer tudo o que as leis permitem; e se um cidadão pudesse fazer o que elas proíbem ele já não teria liberdade, porque os outros também teriam este poder.
>
> MONTESQUIEU, C. de. **O espírito das leis**. São Paulo: Martins Fontes, 2000. p. 166.

Essa liberdade vai garantir que a soberania seja exercida de maneira equilibrada. Para isso, Montesquieu separou o poder em três:

- Poder Legislativo (que faz as leis);
- Poder Executivo (que administra);
- Poder Judiciário (que julga os casos para verificar se houve violação da lei ou não).

É preciso que cada um desses poderes seja autônomo, isto é, nenhum deles está acima dos outros. Se houvesse um desequilíbrio entre os três poderes, tudo estaria perdido. Montesquieu explicou:

> Tudo estaria perdido se o mesmo homem, ou o mesmo corpo dos principais, ou dos nobres, ou do povo exercesse os três poderes: o de fazer as leis, o de executar as resoluções públicas e o de julgar os crimes ou as querelas entre os particulares.
>
> MONTESQUIEU, C. de. Op. cit. p. 168.

Portanto, em uma democracia, todo o poder emana do povo. Ele exerce essa soberania por meio do respeito à lei. Por terem escolhido a lei, os cidadãos permanecem livres. E, para permanecerem livres, a soberania, ou seja, esse poder do povo, deve ser dividida em três para que possa manter o equilíbrio.

1. O que significa soberania?

   ☐ O menor poder de uma sociedade.

   ☐ Um poder importante, mas não necessário, de uma sociedade.

   ☐ O maior poder de uma sociedade.

   ☐ O poder do rei.

   ☐ O poder do tirano.

2. Segundo o texto, democracia é:

   ☐ um regime político em que um povo faz o que quer.

   ☐ um regime político sem lei no qual o soberano é o povo.

   ☐ um regime político baseado na soberania da lei, cuja origem é a vontade do povo.

   ☐ um regime político no qual a vontade da maioria vence.

   ☐ um regime político no qual a vontade da minoria não tem valor.

3. O Brasil é um país democrático, ou seja, tem uma Constituição Federal. Considere o texto abaixo:

   ### Constituição Federal Brasileira (1988)

   Dos Princípios Fundamentais

   Art. 1º [...]

   Parágrafo único. Todo o poder emana do povo, que o exerce por meio de representantes eleitos ou diretamente, nos termos desta Constituição.

   BRASIL. **Constituição da República Federativa do Brasil de 1988**. Disponível em: <www.planalto.gov.br/ccivil_03/Constituicao/Constituicao.htm>. Acesso em: 1º abr. 2016.

   - Onde está, nesse artigo de nossa Constituição, a ideia de democracia?

   _____

   _____

   _____

4. Leia o segundo artigo de nossa Constituição:

> Art. 2º São Poderes da União, independentes e harmônicos entre si, o Legislativo, o Executivo e o Judiciário.
>
> BRASIL. **Constituição da República Federativa do Brasil de 1988**. Disponível em: <www.planalto.gov.br/ccivil_03/Constituicao/Constituicao.htm>. Acesso em: 1º abr. 2016.

a) Esse artigo recebe influência do pensamento de qual filósofo?

b) Justifique sua resposta.

5. A democracia é, em sua opinião, uma boa forma de governo? Explique.

O que aprendemos?

- Soberania é o poder maior que rege e organiza uma sociedade.
- Democracia é o regime constitucional (com leis) em que a soberania é exercida pelos cidadãos.
- Montesquieu afirmou que, para a soberania ser justa e equilibrada, ela tem que ser dividida em três poderes, atualmente conhecidos como Legislativo (que faz as leis), Executivo (que organiza e administra) e Judiciário (que julga os casos para verificar se houve violação da lei ou não).

FILOSOFIA EM TODA PARTE

Língua Portuguesa

Vimos que a democracia é uma forma de governo em que o povo exerce a soberania. Criada na Grécia antiga, foi se aprimorando ao longo da história da humanidade.

Considerada por muitos um modelo ideal de governo, a democracia tem sido aperfeiçoada, buscando-se igualar os direitos fundamentais dos seres humanos e garantir uma sociedade justa para todos.

Em 1516, o escritor e filósofo inglês Thomas More (1478-1535) escreveu sua principal obra, **A Utopia**, na qual criou uma cidade organizada de maneira ideal, política e socialmente. Nessa cidade, as pessoas vivem de forma justa e igualitária. O termo utopia passou a designar uma sociedade ideal, perfeita do ponto de vista político-social.

Leia o trecho a seguir retirado do livro de Thomas More.

> O ouro e a prata não têm, nesse país, mais valor do que lhes deu a natureza. Esses dois metais são ali considerados bem abaixo do ferro, o qual é tão necessário ao homem quanto a água e o fogo. Com efeito, o ouro e a prata não têm nenhuma virtude, nenhum uso, nenhuma propriedade cuja privação acarrete um inconveniente natural e verdadeiro. Foi a loucura humana que pôs tanto valor em sua raridade.
>
> A natureza, esta excelente mãe, escondeu-os em grandes profundidades, como produtos inúteis e vãos, enquanto expõe a descoberto a água, o ar, a terra, e tudo o que há de bom e realmente útil. Os utopianos não escondem seus tesouros nas torres, ou em outros lugares fortificados e inacessíveis. O vulgo, numa extravagante malícia, poderia suspeitar que o príncipe e o senado enganassem o povo, enriquecendo-se e pilhando a fortuna pública. [...]
>
> Os utopianos recolhem pérolas na sua costa, diamantes e pedras preciosas em certos rochedos. Sem ir à cata desses objetos raros, eles gostam de polir os que a sorte lhes presenteia, a fim de adornar os seus filhinhos, que ficam orgulhosos de trazer esses ornamentos. Mas, à medida que crescem, percebem logo que estas frivolidades não convêm senão às crianças pequenas. Então, não esperam pela observação dos pais; espontaneamente e por amor-próprio livram-se desses enfeites. [...]
>
> Desejo, do fundo da alma, a todos os países, uma república semelhante à que vos acabo de descrever. Alegra-me, ao menos, saber que os utopianos encontraram e fundaram o seu império sobre instituições que lhes asseguram não somente a prosperidade mais brilhante como, tanto quanto pode conjeturar a previsão humana, uma duração eterna.

MORE, Thomas. A Utopia. In: **Os pensadores**. São Paulo: Nova Cultural, 1997. p. 81-82, 133.

1. Thomas More faz uma crítica àqueles que cobiçam objetos que a sociedade não utópica considera valiosos. Quais são eles?
   _____

2. Por que em **A Utopia** tais objetos não adquirem o valor que nós atribuímos a eles?
   _____
   _____

3. Descreva o que seria, para você, uma sociedade ideal.
   _____
   _____

4. Leia a tirinha e responda.

   PAI, O QUE É "UTOPIA"?!
   UTOPIA É COMO A LINHA DO HORIZONTE... POR MAIS QUE A GENTE CAMINHE, NUNCA IREMOS ALCANÇAR!
   E PARA ISSO SERVE A UTOPIA...
   ...PARA NOS FAZER CAMINHAR!

   Alexandre Beck

   a) Qual o sentido de **utopia** para o pai de Armandinho?
   _____

   b) Como você interpreta a explicação dele para a palavra?
   _____
   _____

Não é de espantar que...

... ainda haja governos tiranos? Segundo Rousseau, tirano é o indivíduo despótico que usurpa o poder, desprezando a força do Estado. Eventualmente tal indivíduo acaba por não respeitar as regras estabelecidas e usa a força para se manter no governo. Adolf Hitler (1889-1945), Benito Mussolini (1883-1945), Francisco Franco (1892-1975), Josef Stalin (1879-1953), Juan Perón (1895-1974), Fidel Castro (1926-2016), Augusto Pinochet (1915-2006) e Saddam Hussein (1937-2006) são alguns exemplos de tiranos.

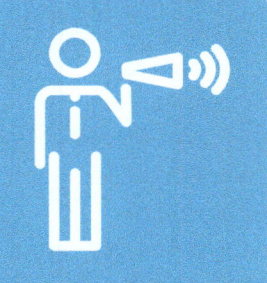

SER democrata

Muito já se discutiu sobre a democracia. Esse regime político idealizado por muitos provoca questões de difíceis soluções e até mesmo alguns dilemas morais. Considere o texto a seguir.

O que é democracia?

A democracia é uma das mais antigas ideias da humanidade. Jamais realizada plenamente. Em seu nome já se fez muito bem e se praticou muito mal. Tem servido ao longo desse período tanto para inspirar movimentos libertadores como para justificar golpes militares e regimes de opressão. [...]

A democracia é o igual e o diverso. O encontro de liberdades. A convergência da pessoa e da comunidade. Da sociedade civil e do Estado (administração do bem público). [...]

A democracia se constrói em torno de alguns princípios fundamentais, simples em seu enunciado, complexos e radicais em sua realização histórica: igualdade, liberdade, diversidade, solidariedade, participação. Separados eles se negam, juntos eles constroem o processo que leva à democracia. [...]

A terra não é só um espaço onde vivemos. É um mundo que produz e condiciona nossa própria existência, que antecede e se prolonga em nossa vida em todas as suas dimensões. Somos seres terrestres.

A democracia não é somente um espaço institucional da política. Ela, para existir, deve também realizar-se e estar presente em todas as dimensões de nossas vidas. Talvez por isso haja uma relação histórica tão estreita entre terra e democracia. Quando a terra é apropriada, usada, monopolizada por uns poucos, a democracia não existe. Quando a democracia não existe, a terra se transforma em um mundo de uns poucos, contra a maioria. [...]

SOUZA, Herbert de. **Escritos indignados:** democracia x neoliberalismo no Brasil. Rio de Janeiro: Rio Fundo Ed.: IBASE, 1991. p. 11, 12, 24, 108.

Betinho, como ficou conhecido Herbert José de Souza, nasceu em Bocaiúva, Minas Gerais, em 1935. Foi sociólogo e ativista pelos direitos humanos. Fundou a ONG Ação da Cidadania contra a Fome, a Miséria e pela Vida, com o objetivo de buscar soluções para a diminuição da fome no país. Faleceu em 1997.

1. Para você, por que **Betinho** afirmou que a democracia jamais foi realizada plenamente?
   _____
   _____

2. Betinho afirma que, em nome da democracia, houve movimentos libertadores, golpes militares e regimes de opressão. Pesquise alguns desses momentos da história do Brasil e escreva-os abaixo.
   _____
   _____

3. A democracia é o encontro de liberdades. O que isso quer dizer?
   _____
   _____

4. A democracia não é só um espaço institucional da política. Para existir, ela deve também realizar-se e estar presente em todas as dimensões de nossa vida. Dê exemplos que evidenciem como a democracia está presente em nosso dia a dia.
   _____
   _____

5. O autor quer viver de acordo com princípios democráticos fundados na solidariedade, na liberdade, igualdade, participação e diversidade. Você acredita que estes sejam os fundamentos da democracia?
   _____
   _____
   _____

Vamos analisar

- Você acredita que uma decisão tomada por meio de votação deve ser respeitada por todos? Por quê?
- Em sua opinião, a decisão de uma comunidade tomada por meio de votação é a vontade da maioria?
- Para você, é possível respeitar as duas vontades ao mesmo tempo?

PENSE A RESPEITO

Democracia, lei, liberdade e vontade geral são assuntos que nos afetam diretamente. A Filosofia Moderna concebeu nossa sociedade de tal maneira que a participação de todos não se tornou apenas importante, mas indispensável. E a escolha dos políticos que vão nos representar afeta diretamente nossa vida. Por isso é uma escolha tão importante.

Escola faz simulação de eleições com personagens infantis para crianças

Alunos de Santos fizeram "título de eleitor" e votaram no candidato preferido. Ação visa formar futuros eleitores que votem conscientemente.

Personagens de histórias infantis se transformaram em políticos durante uma simulação de eleições para crianças em uma escola particular de Santos, no litoral de São Paulo. Durante um mês, os alunos ouviram as propostas dos candidatos, aprenderam sobre o sistema eleitoral brasileiro e de outros países e, nesta sexta-feira (3), colocaram em prática o dever do voto consciente.

Alunos de 3 a 21 anos participaram da simulação em várias unidades da escola. Os adolescentes do Ensino Fundamental 2 puderam votar para governador e presidente. [...]

As professoras criaram as propostas dos personagens infantis. Cada um defendeu um tema, como meio ambiente, agricultura, economia e alimentação. "Eles iam fazendo um comparativo com os políticos atuais", revela. Havia também os cabos eleitorais, alunos da classe que defendiam as propostas de determinado candidato. Entre uma aula e outra, a diretora percebia que as crianças comentavam sobre a votação e tentavam até influenciar os amigos. [...]

Após o período eleitoral, o assunto continuará sendo tratado nas salas de aula. "Nós vamos continuar com o processo. A criança não pode achar que o brasileiro só exerce o direito de cidadão nesse momento. Vamos fazer o comparativo com países que ainda não oferecem o direito ao voto direto", explica a diretora. Ela acredita que é importante mostrar às crianças que nem sempre o brasileiro pôde votar para presidente e que isso foi uma conquista para o País.

A ideia principal do projeto é formar eleitores conscientes. O resultado, segundo ela, já está sendo notado nos alunos maiores. "Fizemos uma enquete de quantos alunos vão votar. Muitos tiraram o título porque querem participar das eleições. Acho que a escola colaborou para isso também, para despertar esse poder de decisão, que está nas mãos do povo", enfatiza. [...]

ROSSI, Mariane. Escola faz simulação de eleições com personagens infantis para crianças. **G1 Santos e Região**, 4 out. 2014. Disponível em: <http://g1.globo.com/sp/santos-regiao/noticia/2014/10/escola-faz-simulacao-de-eleicoes-com-personagens-infantis-para-criancas.html>. Acesso em: 22 mar. 2016.

1. A reportagem nos mostra que a política não ocorre somente no momento em que votamos. Assinale abaixo outras formas de fazer política. Há mais de uma resposta correta.

   ☐ Organizar um mutirão no bairro para limpar a rua.

   ☐ Reunir-se em grêmio escolar para discutir questões importantes para a vida do estudante.

   ☐ Ir à casa do amigo jogar *videogame*.

   ☐ Reunir-se com professores e alunos para discutir e encontrar soluções para o problema do *bullying*.

   ☐ Viajar com os colegas da escola.

2. Em sua opinião, é importante desenvolver projetos para formar eleitores conscientes? Por quê?

   _____
   _____
   _____
   _____
   _____
   _____

DIÁLOGO FILOSÓFICO

A democracia foi uma ideia e uma prática desenvolvida na Grécia antiga. Precisou de grandes ações e tempo para se aperfeiçoar.

Platão, em sua obra **Protágoras**, reproduziu uma conversa entre os filósofos Sócrates e Protágoras sobre a arte da política.

O mito das virtudes democráticas

[...]

O homem, ao participar das qualidades divinas (a sabedoria das artes úteis e o domínio do fogo), foi primeiramente o único animal que honrou os deuses e se dedicou a construir altares e imagens das deidades: teve, além disso, a arte de emitir sons e palavras articuladas, inventou as habitações, os vestidos, o calçado, os meios de abrigar-se e os alimentos que nascem da terra. Apetrechados dessa maneira para a vida, os seres humanos viviam dispersos, sem que existisse nenhuma cidade; assim, pois, eram destruídos pelos animais, que sempre, em todas as partes, eram mais fortes do que eles, e seu engenho, suficiente para alimentá-los, seguia sendo impotente para a guerra contra os animais; a causa disso residia em que não possuíam a arte da política (*Politike techne*), da qual a arte da guerra é uma parte. Buscaram, pois, uma maneira de reunir-se e de fundar cidades para defender-se. Mas, uma vez reunidos, feriam-se mutuamente, por carecer da arte da política, de forma que começaram de novo a dispersar-se e a morrer.

Zeus lhes envia o pudor e a justiça

Então Zeus, preocupado ao ver nossa espécie ameaçada de desaparecimento, mandou Hermes trazer para os homens o pudor e a justiça (*aidós* e *dikê*), para que nas cidades houvesse harmonia e laços criadores de amizade. Hermes, pois, perguntou a Zeus de que maneira deveria dar aos humanos o pudor e a justiça: "Deverei distribuí-los como as demais artes? Estas se encontram distribuídas da seguinte forma: um só médico é suficiente para muitos profanos, o mesmo ocorre com os demais artesãos. Será essa a maneira pela qual deverei implantar a justiça e o pudor entre os humanos ou deverei distribuí-los entre todos?" "Entre todos", disse Zeus, que cada um tenha a sua parte nessas virtudes, já que se somente alguns as tivessem, as cidades não poderiam subsistir, pois neste caso não ocorre como nas demais artes. [...]

PLATÃO. Protágoras ou os Sofistas apud SCHILLING, Voltaire. **As grandes correntes do pensamento**: da Grécia antiga ao neoliberalismo. 2. ed. rev. e atual. Porto Alegre: Age, 1999. p. 20, 21.

Informe-se!

Zeus e Hermes são deuses da mitologia grega. Considerado o pai dos deuses do Olimpo e dos seres humanos, Zeus nasceu de Cronos e Reia. Era adorado e temido pelos gregos da Antiguidade e vários templos foram erguidos em sua homenagem.

Filho de Zeus e Maia, Hermes era considerado o deus mensageiro.

Zeus.

Hermes.

- Converse com seus colegas.

  a) Na história narrada por Platão, os seres humanos receberam qualidades dos deuses, dominaram o fogo, ergueram altares, emitiram palavras articuladas. Apesar disso, sofriam por não viverem em segurança; dispersos, não se organizavam em cidades, não possuíam a arte da política. O que pode significar a arte da política?

  b) Por meio de uma conversa entre Zeus e Hermes, Platão expõe um dos princípios da democracia. Qual? Por que esse princípio é a base da democracia? Por que todos precisam dele?

SE É ASSIM, ENTÃO...

- Complete o texto com as palavras dos quadros. Ele resume o que você aprendeu sobre democracia nesta unidade.

DEMOCRACIA   PARTIDO   LIBERDADE   RICOS

MÉRITO   GOVERNO   LEIS   POUCOS

[...] os traços pelos quais a _____ é considerada forma boa de _____ são essencialmente os seguintes: é um governo não a favor dos _____ mas dos muitos; a lei é igual para todos, tanto para os _____ quanto para os pobres e, portanto, é um governo de _____ , escritas ou não escritas, e não de homens; a _____ é respeitada seja na vida privada seja na vida pública, onde vale não o fato de se pertencer a este ou àquele _____ mas o _____ .

BOBBIO, Norberto. **Estado, governo, sociedade:** para uma teoria geral da política. 4. ed. Rio de Janeiro: Paz e Terra, 1987. p. 141.

... POSSO DIZER QUE

- Escreva uma carta para um amigo contando o que aprendeu sobre liberdade, democracia, soberania e lei.

GRANDES PENSADORES

Charles-Louis de Secondat, mais conhecido como barão de Montesquieu (1689-1755), estudou Direito, mas se concentrou a princípio na carreira literária. Em sua principal obra, **O espírito das leis** (1748), que publicou após viajar pela Itália, pelos Países Baixos e principalmente pela Inglaterra, desenvolveu suas ideias sobre Filosofia política e jurídica.

Nessa obra-prima, Montesquieu afirma que o ideal é a lei proporcionar o máximo de liberdade de acordo com as características de um povo, propondo que o governo de um país seja dividido e equilibrado.

As obras de Montesquieu influenciaram a Filosofia política moderna, o Iluminismo francês, a Revolução Francesa e mesmo a reflexão política nos dias atuais.

VAMOS LER?

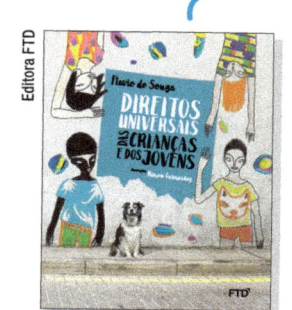

Direitos Universais das Crianças e dos Jovens,
de Flavio de Souza. São Paulo: FTD, 2015.

Toda criança tem direito a nome e sobrenome. E a ter um lar, comida, lazer e educação. Estes e outros direitos estão na **Declaração dos Direitos da Criança**, um documento internacional, escrito em 1959, pela Organização das Nações Unidas. Neste livro, o escritor, ator e diretor teatral Flavio de Souza apresenta esse documento de três formas: uma poética, "Devaneando devagar"; outra explicando bem os dez princípios; e, para terminar, o documento oficial.

Liberdade ainda que tardia,
de Álvaro Cardoso Gomes. São Paulo: FTD, 2012.

Para escrever esse livro, o autor, Álvaro Cardoso Gomes, fez uma grande pesquisa sobre Tomás Antônio Gonzaga, poeta mineiro e um dos líderes da Inconfidência Mineira, e sua época. Assim, conhecemos esse poeta e também o contexto em que vivia em busca de mais liberdade social.

BIBLIOGRAFIA

ALVES, Rubem. **A alegria de ensinar**. São Paulo: Papirus, 2012.

BLAKE, William. **O casamento do céu e do inferno**. São Paulo: Hedra, 2008.

BOBBIO, Noberto. **Estado, governo, sociedade**: para uma teoria geral da política. 4. ed. Rio de Janeiro: Paz e Terra, 1987.

BOIZARD, Sophie. **Grandes filósofos falam a pequenos filósofos**. São Paulo: FTD, 2015.

CHÂTELET, François. **Uma história da razão**: entrevista com Émile Noel. Rio de Janeiro: Jorge Zahar, 1992.

COMTE-SPONVILLE, André. **Apresentação da Filosofia**. São Paulo: Martins Fontes, 2002.

DESCARTES, René. **Princípios da Filosofia**. São Paulo: Hemus, 2007.

FERRY, Luc. **Aprendendo a viver**. Rio de Janeiro: Objetiva, 2007.

GALILEI, Galileu. **Diálogo sobre os dois máximos sistemas do mundo**. São Paulo: Editora 34, 2011.

GOMBRICH, Ernst Hans Josef. **A história da arte**. São Paulo: LTC, 2000.

GUINSBURG, J.; CUNHA, Newton; ROMANO, Roberto (Org.). **Spinoza**. Obra Completa IV: ética e compêndio de gramática da língua hebraica. São Paulo: Perspectiva, 2014.

JAPIASSÚ, Hilton; MARCONDES, Danilo. **Dicionário básico de Filosofia**. 4. ed. Rio de Janeiro: Zahar, 2006.

KANT, Immanuel. **Crítica da razão prática**. São Paulo: Martins Fontes, 2015.

KANT, Immanuel. **Crítica da razão pura**. Petrópolis: Vozes, 2012.

MONTESQUIEU, C. de. **O espírito das leis**. São Paulo: Martins Fontes, 2000.

MORE, Thomas. **A Utopia**. Coleção Os pensadores. São Paulo: Nova Cultural, 1997.

NICOLA, Ubaldo. **Antologia ilustrada de Filosofia**: das origens à idade moderna. São Paulo: Globo, 2005.

O LIVRO da Filosofia. São Paulo: Globo, 2011.

PASCAL, Blaise. **Pensamentos**. Bauru: Edipro, 1995.

REALE, Giovanni; ANTISERI, Dario. **História da filosofia**. São Paulo: Paulus, 2003. 7 v.

ROUSSEAU, Jean-Jacques. **Do contrato social**. São Paulo: Penguin-Companhia, 2011.

ROUSSEAU, Jean-Jacques. **Discurso sobre a origem e os fundamentos da desigualdade entre os homens**. Porto Alegre: L&PM, 2008.

SAGAN, Carl. **Pálido ponto azul**: uma visão do futuro da humanidade no espaço. São Paulo: Companhia das Letras, 1996.

SARTRE, Jean-Paul. **O existencialismo é um humanismo**. São Paulo: Abril Cultural, 1978.

SAVATER, Fernando. **Uma história descomplicada da filosofia**. São Paulo: Planeta do Brasil, 2015.

SAVATER, Fernando. **Ética para meu filho**. São Paulo: Martins Fontes, 2004.

SCHILLING, Voltaire. **As grandes correntes do pensamento**: da Grécia antiga ao neoliberalismo. 2. ed. rev. e atual. Porto Alegre: Age, 1999.

SOUZA, Herbert de. **Escritos indignados**: democracia x neoliberalismo no Brasil. Rio de Janeiro: Rio Fundo Ed.: IBASE, 1991.

ALMANAQUE FILOSÓFICO

UNIDADE 1 — Galileu Galilei

QUEM SOU EU?

Galileu Galilei nasceu em Pisa, Itália, em 1564. Dizem que, durante uma missa, Galilei observou o movimento oscilante do fogo que saía de uma vela, após um coroinha mudar um candelabro de lugar. Mediu seguidamente o tempo das oscilações do fogo e, assim, concluiu que os objetos, independentemente do peso, oscilam com a mesma intensidade. Em 1589, iniciou sua carreira como professor de Matemática na Universidade de Pisa, mudando-se, após receber uma cátedra com apenas 28 anos, para a Universidade de Pádua, em 1592.

A grande virada na vida de Galileu aconteceu quando teve contato com o telescópio, em 1609. Tempos depois, construiu o seu próprio telescópio, e a primeira constatação que fez foi de que havia muito mais estrelas no céu que os aristotélicos previam. Visualizou as quatro luas de Júpiter e sugeriu que esse gigante planeta orbitava o Sol – o que abriu o precedente para pensar o mesmo da Terra.

Essa atitude atraiu muitos inimigos e, mesmo contando com a admiração do papa e do famoso cardeal Maffeo Barberini (1568-1644) – que se tornaria o papa Urbano VIII em 1623 –, Galileu foi chamado ao Tribunal da Inquisição, em 1616, devido a suas considerações em favor do heliocentrismo (que contrariava a interpretação bíblica), na obra **Sidereus nuncius** (1610). Nesse caso, Galileu foi somente advertido verbalmente a abandonar essa teoria. Mas, por insistir em suas considerações, em 1633, Galileu foi novamente chamado ao Tribunal da Inquisição e condenado à prisão domiciliar, tendo de repudiar suas teses em favor do heliocentrismo.

Faleceu em Florença, Itália, em 1642.

Fui eu quem disse...

"As ciências são as únicas capazes de desanuviar a incapacidade de nossa mente e de ensinar-nos aquelas disciplinas às quais jamais chegaríamos por nossas experiências ou razão."

Em **Carta de Galileu Galilei a Francesco Ingoli**.

NA LINHA FILOSÓFICA...

O legado de Galileu Galilei foi continuado e altamente aperfeiçoado pelo cientista inglês Isaac Newton (1643-1727). Inspirado nas teorias de Galileu, Newton lançou as bases para a Lei da Gravitação Universal – na qual a história da queda da maçã é sempre lembrada – e estudou profundamente o movimento dos astros. Suas contribuições para a Matemática também foram imensuráveis.

Isaac Newton.

O que acontecia na época...

O evento mais significativo à época de Galileu – excetuando a sua enorme e definitiva influência – foi a Guerra dos Trinta Anos, uma série de batalhas entre católicos e protestantes, que, no começo, foi motivada por conflitos religiosos, mas acabou se tornando uma luta pelo poder na Europa. A guerra (na verdade, uma série de guerras) durou de 1618 a 1648, foi o mais longo conflito ininterrupto na história mundial e estima-se que deixou em torno de oito milhões de mortos. Os conflitos foram encerrados com uma série de tratados conhecidos como Paz de Vestfália ou Tratados de Münster e Osnabrück.

Em 24 de outubro de 1648, a Conferência de Paz de Vestfália foi encerrada com três tratados independentes e o anúncio de trégua. A obra de Gerard Ter Borch, **Ratificação do Tratado de Münster**, de 1648, retrata o momento final da negociação com representantes dos países envolvidos.

E não parou por aí...

Na obra **Galileu diante do Santo Ofício**, de Joseph-Nicolas Robert-Fleury, 1847, Galileu Galilei realiza o juramento momentos antes de iniciar a sessão inquisitória que o julgou por suas ideias contrárias ao pensamento dominante da época.

As descobertas de Galileu e, sobretudo, seus problemas com a Inquisição repercutiram de tal maneira que inspiraram muitas obras de arte. Há, por exemplo, algumas memoráveis que retrataram o julgamento de Galileu, como a do artista francês Joseph-Nicolas Robert-Fleury (1797-1890), de 1847, ou a do italiano Cristiano Banti (1824-1904), de 1857. O fascínio de Galileu pelo telescópio também foi retratado, entre outros, pelo italiano Giuseppe Bertini (1825-1898), em 1858, no afresco **Galileu Galilei e doge de Veneza**.

• Pesquise em livros, revistas e *sites* por que o telescópio foi o instrumento responsável pela grande virada na vida de Galileu. Em seguida, registre suas considerações.

_____
_____
_____
_____
_____

UNIDADE 2 — Espinoza

QUEM SOU EU?

Baruch de Espinoza nasceu em Amsterdã, Holanda, em 1632.

Filho de judeus refugiados da Inquisição portuguesa, seu profundo compromisso com a Verdade resultou em uma obra voltada inteiramente para a reflexão racional e autônoma em direção ao eterno e imutável. Seu método ficou conhecido como Método Geométrico, pois suas indagações seguem o modelo das especulações geométricas de Euclides, que partiam de proposições lógicas cuja verdade poderia ser necessariamente provada e utilizada para elucidar outros conceitos. Sua obra mais conhecida, **A ética, demonstrada segundo o método geométrico** (1677), é um monumento da racionalidade que, infelizmente, só ganhou reconhecimento após a morte prematura de seu autor. Essa obra aprofundou sua concepção de substância, afirmando que Deus é a única substância – constituída por uma infinidade de atributos – de onde tudo provém. Para Espinoza, o mundo é a "consequência" necessária de Deus, onde tudo que existe é "em" Deus.

Faleceu em Haia, Holanda, em 1677.

Benedict Spinoza, 1665. Óleo sobre tela. Herzog August Bibliothek, Wolfenbuttel, Alemanha

Fui eu quem disse...

"O desejo que surge da alegria é, em igualdade de circunstâncias, mais forte que o desejo que surge da tristeza."

Em **Ética IV**.

NA LINHA FILOSÓFICA...

Provavelmente pela própria reclusão de Espinoza, sua obra não reverberou em grandes proporções na época. Sua teoria, fundamentada em um racionalismo marcante, não enxergava o ser humano como o centro e fim do Universo; ao contrário, concebia todos os seres do mundo, animais, vegetais e minerais, como parte de Deus. Para Espinoza, Deus é o Ser onde tudo está.

Karl Marx. — International Institute of Social History in Amsterdam, Netherlands

Friedrich Nietzsche. — Nicku/Shutterstock.com

Rejeitada no século XVIII, durante muito tempo a Filosofia espinozista era vista de forma pejorativa. Mas sua teoria foi revisitada, no século XIX, como uma Filosofia que entende que tudo que existe funciona dentro de uma explicação racional. Karl Marx (1818-1883) e Friedrich Nietzsche (1844-1900), por exemplo, ao pensarem no ser humano dentro de uma ordem naturalista, na qual ele não é um estranho à natureza, mas parte dela, aproximaram-se dessa postura espinozista.

O que acontecia na época...

Moça com brinco de pérola, de Johannes Vermeer, c. 1665-1667. Essa obra-prima de Vermeer, artista conhecido como o mestre holandês da luz, não foi datada. Conhecida como Mona Lisa do Norte, serviu de inspiração para livros e, inclusive, cineastas de Hollywood.

A época de Espinoza ficou conhecida como o Século de Ouro dos Países Baixos (1602-1702), um período de grande prosperidade financeira e cultural da Holanda. Devido à Guerra dos Oitenta Anos (1568-1648), uma disputa dos Países Baixos do Sul em busca da independência da Espanha, muitos comerciantes e intelectuais migraram para Amsterdã, ao norte do território, ocasionando grande efervescência intelectual e cultural na região. Na ciência, Christiaan Huygens (1629-1695) – famoso por seus estudos sobre a luz e as cores – e Antonie van Leeuwenhoek (1632-1723) – responsável por importantes aperfeiçoamentos no microscópio – ganharam destaque. Nas artes, Rembrandt van Rijn (1606-1669) e Johannes Vermeer (1632-1675) foram mestres em retratar a vida holandesa da época.

E não parou por aí...

Espinoza foi, por muito tempo após a sua morte, considerado maldito. Contudo, em 1780, uma conversa entre o poeta e crítico de arte alemão Gotthold Ephraim Lessing (1729-1781) e o filósofo alemão Friedrich Heinrich Jacobi (1743-1819) fez com que este voltasse sua atenção ao filósofo holandês e produzisse um vasto estudo sobre a obra dele. Posteriormente, o poeta alemão Novalis (1772-1801), pseudônimo para Friedrich Leopold, e o grande escritor alemão Johann Wolfgang von Goethe (1749-1832) também foram influenciados pelo pensamento de Espinoza. Novalis sentiu o impacto da filosofia de Espinoza, principalmente após a leitura do estudo de Jacobi, e ficou fascinado pela ideia de infinito e do amor a Deus (como algo místico), presente na teoria de Espinoza. Já Goethe, por sua vez, apresentou em algumas de suas obras a presença de um Deus que se move na natureza.

Goethe.   Novalis.

- Qual era a visão de Espinoza sobre Deus? Explique com suas palavras.

UNIDADE 3 — Jean-Paul Sartre

QUEM SOU EU?

Jean-Paul Sartre nasceu em Paris, França, em 1905. Formou-se na Escola Normal Superior de Paris, em 1929, e passou a lecionar nos liceus de Paris e La Havre. Influenciado pelo pensamento dos filósofos alemães Edmund Husserl (1859-1938) e Martin Heidegger (1889-1976), tornou-se o grande proponente do Existencialismo. Para Sartre, "a existência precede a essência". Nesse caso, viver se torna um ato de muita responsabilidade; o ser humano deve escolher quem ou o que quer ser. Não haveria nenhum tipo de determinação a não ser aquela que o próprio indivíduo toma para si. Em sua mais volumosa obra, **O ser e o nada** (1943), Sartre desenvolve a sua filosofia existencialista de maneira exaustiva; porém, foi nos romances e nas peças teatrais que ele conseguiu alcançar um público bastante amplo e se tornar uma das figuras mais influentes do século XX. Uma de suas obras mais conhecidas é **A náusea** (1938), cujo protagonista, o historiador Antoine Roquentin, é um homem atormentado pela sensação de vazio diante da vida, da falta de sentido para a sua existência. Quando Roquentin tem a consciência dessa falta de sentido, sente um mal-estar físico (a náusea) e, sem criar subterfúgios ou desculpas, decide assumir total responsabilidade por sua vida e arcar com as consequências morais de suas decisões. A obra mostra como, nesse sentido, o ser humano é absolutamente livre para tomar decisões.

Sartre viveu intensamente, viajou divulgando suas ideias e influenciou gerações de intelectuais, sobretudo no pós-guerra. Faleceu em Paris, em 1980.

Fui eu quem disse...

"Eu estou condenado a existir para sempre além dos moventes e dos motivos de meu ato: estou condenado a ser livre."

Em **O ser e o nada**.

O que acontecia na época...

Jean-Paul Sartre viveu os conturbados anos da Segunda Guerra Mundial (1939-1945). Um período de muito desencanto, mas fértil para práticas filosóficas como a dele, carregadas de pessimismo. Em 1939, a França e o Reino Unido declararam guerra contra a Alemanha, dando início a um dos conflitos mais sangrentos de todos os tempos, que resultou em milhões de mortos.

Duas mulheres caminham sobre escombros em uma rua de Berkshire, Inglaterra, 1943.

E não parou por aí...

No campo das artes, Sartre foi um talentoso escritor: escreveu romances e peças teatrais que fazem enorme sucesso até hoje. Além do romance **A náusea**, publicou **O muro** (1938) e a trilogia **Os caminhos da liberdade**, formada por **A idade da razão** (1945), **Sursis** (1947) e **Com a morte na alma** (1949). No teatro, suas peças **Entre quatro paredes** e **O diabo e o bom Deus** ainda hoje são comumente encenadas. O Existencialismo vigente em sua obra gerou uma arte profícua, que alcançou o português José Saramago, em **Ensaio sobre a cegueira** (1995), o Teatro do absurdo do irlandês Samuel Beckett, em **Esperando Godot** (1952), e do romeno Eugène Ionesco, em **O rinoceronte** (1959), e a poesia/literatura da Geração Beat, cujos maiores expoentes foram os norte-americanos Jack Kerouac (1922-1969), Irwin Allen Ginsberg (1926-1997) e William S. Burroughs (1914-1997).

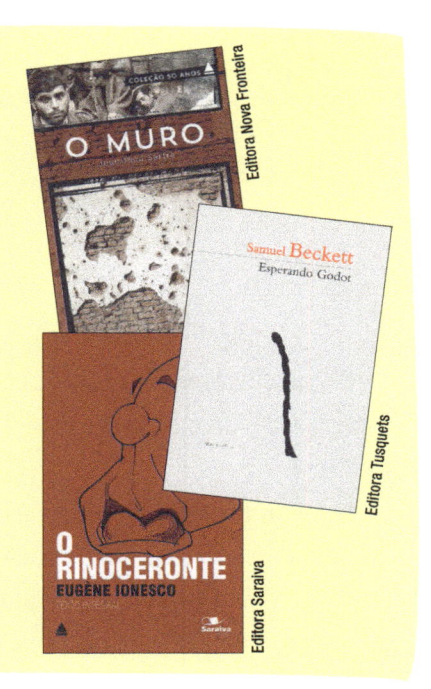

NA LINHA FILOSÓFICA...

O Existencialismo sartreano, como Filosofia, não gerou muitos frutos. Sua teoria de unir liberdade com responsabilidade foi vista por muitos como uma reflexão pessimista. Para o filósofo, era justamente o contrário: sua reflexão era positiva, pois, apesar do peso de encarar a responsabilidade pelo impacto de nossas ações sobre os outros, somos livres para escolher exercer o controle sobre como damos sentidos ao mundo e a nossa própria vida. Essa teoria de Sartre influenciou de forma muito particular a filósofa Simone de Beauvoir (1908-1986), sua companheira, que talvez tenha sido sua maior discípula, e alcançou os jovens franceses da época, que se identificaram com a ideia do uso da liberdade para moldar a própria existência. Os estudos de Sartre deram forças a esses jovens para manifestarem-se, nas décadas de 1950 e 1960, contra atitudes tradicionalistas e autoritárias dominantes na França. Alguns dos processos mais marcantes desse período foram os de maio de 1968, que ajudaram a derrubar o governo conservador vigente e a instaurar um governo mais liberal em toda a França.

Simone de Beauvoir, filósofa francesa e companheira de Sartre.

- Descreva, com suas palavras, a frase "estou condenado a ser livre", de Sartre.

UNIDADE 4 — Montesquieu

QUEM SOU EU?

Charles-Louis de Secondat, ou barão de Montesquieu, nasceu em uma cidade próxima a Bordeaux, França, em 1689.

Filho de nobres franceses, aos 16 anos, ingressou na Universidade de Bordeaux, onde estudou Direito. Formou-se em 1708 e mudou-se para Paris, onde continuou os seus estudos. Montesquieu tinha um apreço muito grande pela análise empírica dos fatos sociais, o que lhe permitiu uma visão bastante acurada dos governos e processos políticos. Em **O espírito das leis**, por exemplo, buscou compreender os conjuntos de leis que regulam as relações humanas nas várias sociedades. Com isso, não estabeleceu um conjunto de leis iguais para todas as sociedades; pelo contrário, para ele as leis deveriam ser adaptáveis a cada circunstância particular de cada povo. Montesquieu descreveu em sua obra três tipos de governo inspirados em três princípios: a república, em que o povo (ou parte dele) tem o poder soberano; a monarquia, em que o rei tem o poder fundamentado em leis absolutas; e, por fim, o despotismo, em que um único sujeito detém o poder absoluto, sem leis nem regras, totalmente baseado em sua vontade. Os princípios que regem cada uma dessas formas de governo são: a virtude, para a republicana; a honra, para a monárquica; e o medo, para a despótica. É dele também a célebre tripartição dos Poderes, que é a base para muitos governos atuais: Poder Legislativo, que faz as leis; Poder Executivo, que as administra; e Poder Judiciário, que julga os casos de violação das leis. Essa divisão, com os poderes autônomos, era, para ele, a melhor forma de garantir a liberdade política.

Foi crítico do absolutismo e, como precursor do Iluminismo, valorizou a liberdade e o direito amparados pelas leis. Faleceu em Paris, França, em 1755.

Fui eu quem disse...

"A lei, em geral, é a razão humana, enquanto governa todos os povos da terra."

Em **O espírito das leis**.

O que acontecia na época...

O século XVIII foi especialmente conturbado na França de Montesquieu. Com a crise do Antigo Regime (monárquico) e o surgimento do Iluminismo, a publicação dos 35 volumes da monumental **Enciclopédia**, organizada por Jean Le Rond d'Alembert (1717-1783) e Denis Diderot (1713-1784) — para a qual Montesquieu também contribuiu —, foi um marco cultural importante que antecedeu e inspirou a Revolução Francesa (1789-1799).

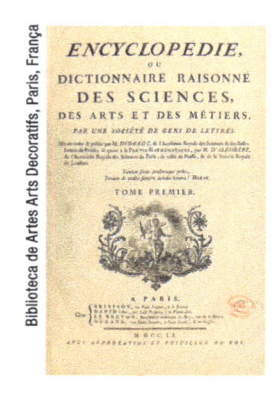

Frontispício do primeiro volume da **Enciclopédia**, Paris, 1751.

E não parou por aí...

Poucas teorias tiveram tanta repercussão prática para além das fronteiras acadêmicas como a Teoria da Separação dos Poderes desenvolvida por Montesquieu. Apesar de a teoria ser fundamentada em conceitos que já existiam na Grécia antiga, Montesquieu, inspirado nas reflexões de seu antecessor John Locke (1632-1704), refletiu com tamanha profundidade sobre os Poderes Legislativo, Executivo e Judiciário, que suas ideias se transformaram na base para a maioria das constituições modernas. O Brasil, por exemplo, adota o modelo desenvolvido por Montesquieu.

Justiça, escultura do artista plástico mineiro Alfredo Ceschiatti, de 1961, localizada diante do prédio do Supremo Tribunal Federal, em Brasília, capital federal do Brasil.

NA LINHA FILOSÓFICA...

Além da incontestável influência na formação das constituições modernas, Montesquieu teve influência mais direta (e quase imediata) nos constitucionalistas monárquicos franceses – vertente política que surgiu no início da Revolução Francesa e visava instaurar no país uma monarquia constitucional representativa. Tal ideia, defendida por deputados como Pierre-Victor Malouet (1740-1814), Jean-Joseph Mounier (1758-1806), Jacques Mallet du Pan (1749-1800), Nicolas Bergasse (1750-1832), não foi adiante. Porém, as 13 colônias inglesas que formaram os Estados Unidos da América adotaram quase que integralmente as ideias de Montesquieu em sua independência.

DELACROIX, Eugène. **A liberdade guiando o povo**. 1830. Óleo sobre tela, 325 cm × 260 cm. Museu do Louvre, Paris, França.

- Descreva, com suas palavras, quais foram as três categorias de governo descritas por Montesquieu em sua obra e, em seguida, quais são os princípios que regem esses governos.

Impresso no Parque Gráfico da Editora FTD
Avenida Antonio Bardella, 300
Fone: (0-XX-11) 3545-8600 e Fax: (0-XX-11) 2412-5375
07220-020 GUARULHOS (SP)